U0518633

员工参与对创新行为影响的多路径研究

赵卫红 著

全国百佳图书出版单位

图书在版编目（CIP）数据

员工参与对创新行为影响的多路径研究 / 赵卫红著.—北京：知识产权出版社，2018.4（2019.5 重印）
ISBN 978-7-5130-5479-9

Ⅰ.①员… Ⅱ.①赵… Ⅲ.①企业创新 - 创新管理 - 研究 - 中国 Ⅳ.①F279.23

中国版本图书馆CIP数据核字(2018)第 053936 号

内容提要

进入21世纪以来,科学技术的发展颠覆了传统的商业模式与竞争环境,企业需要不断增强柔性和创新性才能在当代市场经济中求得生存和发展。企业需要在组织结构、工作设计上打破部门之间的界限,高层管理者需要减少自上而下的指令控制,应当鼓励基层员工广泛、深入地参与企业管理,依靠集体智慧在实践中制造创新机会。员工需要面临更加多样化、丰富化的工作任务、工作挑战,创新也已成为员工的工作内容。因此,通过员工参与企业管理,促进员工和组织创新,是值得研究的重要课题。

责任编辑：李　娟　　　　　　　　　责任印制：孙婷婷

员工参与对创新行为影响的多路径研究
YUANGONG CANYU DUI CHUANGXIN XINGWEI YINGXIANG DE DUOLUJING YANJIU
赵卫红　著

出版发行：	知识产权出版社 有限责任公司	网　　址：	http://www.ipph.cn
电　　话：	010 - 82004826		http://www.laichushu.com
社　　址：	北京市海淀区气象路50号院	邮　　编：	100081
责编电话：	010 - 82000860 转 8689	责编邮箱：	lijuan1@cnipr.com
发行电话：	010 - 82000860 转 8101	发行传真：	010 - 82000893
印　　刷：	北京中献拓方科技发展有限公司	经　　销：	各大网上书店、新华书店及相关专业书店
开　　本：	720mm×1000mm　1/16	印　　张：	13
版　　次：	2018年4月第1版	印　　次：	2018年5月第2次印刷
字　　数：	175千字	定　　价：	68.00元
ISBN 978-7-5130-5479-9			

出版权专有　侵权必究

如有印装质量问题，本社负责调换。

前　　言

　　基于组织创新和员工工作诉求变化的双重压力，员工参与作为企业的制度设计或组织方式成为实践界广泛关注的主题。首先，随着科学技术发展和经济全球化进程的加快，企业所面临的经济、技术及市场环境都变得更具动态性、不确定性和复杂性，外部环境对组织的柔性、创新性等提出了更高的要求。企业需要在组织结构和工作设计上打破部门之间和工作之间的界限，构建柔性化组织以应对外部环境的压力。由此引发高层管理者需要减少自上而下的控制，鼓励基层员工广泛而深入地积极参与，依靠集体智慧在实践中发现和利用各种创新机会；员工自身同样需要不断创新以应对更加多样化和丰富化的工作任务和挑战。其次，随着人们物质生活水平的逐步提高，人们对精神需求的满足要求与期望越来越高。体现在组织领域，员工工作诉求的变化使传统的管理方式受到前所未有的挑战。员工期待在工作中拥有自主性和发言权，展现自己的价值并得到认可，以获得成就感。传统管理方式往往使员工在企业中的地位受限，不能在企业运营和工作场所决策中表达自己的意见，这使员工往往采取冷漠的态度对待企业的经营和发展。

　　然而，学术界对员工参与的研究仍显不足。第一，既有研究基于劳动关系视角和人力资源管理视角分别展开，并取得了丰富的研究成果，但缺少两种视角下的整合性研究框架。第二，既有研究大多关注员工参与的性质、内容和过程，但是对于员工参与动因这一前导性的因素却并未深入探讨，也少有研究关注员工参与动因和员工参与有效性的关系。第三，学者们对员工参与的结果和作用机制开展了大量的研究，但"员工参与—创新行为"过程机制的研究相对不足，未能揭示其内在的作用机理。

　　基于上述理论和实践背景，本书整合劳动关系领域和人力资源管理领域的研究成果，对员工参与的概念和维度进行重新界定，并在此基础上以员工参与动因为切入点，构建"员工参与—员工主体地位—创新行为""员工参与—员工的认知和情绪—创新行为"的双重路径分析框架，旨在探讨员工参与对创新行为影响的过程机制，并运用质性和量化研究方法展开以下研究：首先，在对相关文献进行回顾和梳理的基础上，基于劳动关系和人力资源管理的双重视角对员工参与概念进行重新的界定，并将员工参与划分为角色内发言权、高参与组织方式和角色外发言权三个基本维度。其次，以员工参与动因为切入点，展开关系的解析和理论模型的构建。具体而言，根据员工参与动因将员工参与划分为民主导向和效率导向两个基本类型，分别阐释两种导向下员工参与对创新行为的影响及作用机理。前者通过提高员工主体地位来促进员工创新行为；后者则通过引起员工认知或情绪的变化来激发员工创新行为；在这两条影响路径中，管理者行为方式是重要的情境边界。最后，通过变量选择将理论模型转化为实证研究模型，提出研究假设并展开实证研究。鉴于工作疏离感能够反映员工主体地位，组织认同是员工认知和情绪在组织工作中的体现，互动公平能够反映管理者行为方式，本书选择工作疏离感和组织认同作为员工参与对创新行为影响的中介变量，选择互动公平作为中介机制的调节变量。

　　通过对研究模型和研究假设的检验，得到以下结论：第一，员工参与对创新行为具有显著正向影响。且角色内发言权和高参与组织方式对创新行为的影响程度高于角色外发言权的影响程度。第二，员工参与通过工作疏离感显著影响创新行为。员工参与通过员工组织认同显著影响创新行为。第三，在角色内发言权维度上，互动公平显著调节工作疏离感和组织认同的双中介效应；而在高参与组织方式和角色外发言权维度上，互动公平对双中介作用的调节效应不显著。第四，通过单中介模型、双中介模型和被调节的中介模型的比较结果，角色内发言权的被调节的中介模型比较理想，高参与组织方式和角色外发言权的双中介模型比较理想。

　　本书的创新点在于：第一，突破已有文献和概念的局限，基于人力资源管理和劳动关系的双重视角，拓展了员工参与的内涵、维度和测量。第二，突破已有文献研究视角单一的局限，基于民主和效率的双重驱动，搭建了员工参与对创新行为影响的整合框架，深入和系统地挖掘员工参与对创新行为的中间机制。第三，基于中国的现实情境，探索管理者行为方式在员工参与对创新行为影响过程中的作用；第四，从多视角、多层次探讨员工创新行为的产生机制。

　　本书对企业管理实践的启示体现在：帮助企业更加全面地了解在复杂环境下员工参与的重要性，也揭示了"员工参与—创新行为"的中间机制，使管理者认识到现实中各种员工参与类型"为什么""怎样""什么情景下"发挥作用，为企业制定有效的员工参与决策提供借鉴和启示。

目　　录

第一章 绪 论

本章主要介绍本书的研究背景、研究内容等。一共包括四节：第一节主要阐述本书的现实背景和理论背景，进而引出研究问题；第二节探讨具体的研究问题、研究内容及研究意义；第三节介绍研究思路、技术路线、论文结构安排等；第四节阐述研究方法和可能的创新。

第一节 研究背景

随着经济和贸易全球化进程的加快、技术进步与技术变革趋势的增强、竞争环境的加剧，在很多领域，企业所面临的经济环境、技术环境、市场环境和政策环境都变得更具动态性、不确定性。在这样的环境下，竞争对手之间以不可预期的非常规的方式快速对抗，竞争优势被快速创造、侵蚀或破坏，其获取和维持变得越来越难，因此，外部环境对企业组织的柔性、创新性等提出了更高的要求。企业需要打破部门分工和工作分工的界限，给予基层员工较大的责任和权力，构建柔性化组织以应对外部环境的压力。由此引发高层管理者需要减少自上而下的控制，鼓励基层员工广泛而深入地积极参与企业运营，依靠集体智慧在实践中发现和利用各种创新机会；员工自身同样需要不断创新以应对更加多样化和丰富化的工作任务和挑战。因此，通过员工参与促进员工和组织创新成为理论界和实践界关注的重要主题。

员工参与重新定义了员工与企业之间的关系，增强员工参与能够提高员工主人翁地位，激发员工的创新动机和创造性构想，也能够提供创新的机会和可能性。企业在管理实践过程中纷纷推出一些员工参与的措施或方案，包括代表参与制、质量圈、利润分享计划等。通过实施这些员工参与方案，不仅推动了企业管理水平的提升，提高了企业员工的工作积极性和满意度，同时也促进了企业的生产效益。日本企业在20世纪七八十年代的迅速崛起正是与其推行参与导向的管理方式有直接关系，这种管理方式对国外学术界和实践界产生了深远的影响。在我国以公有制为主体的经济背景下，鼓励员工参与、倡导企业员工"主人翁"意识已经由来已久。但受政策、文化等因素影响，一直以来我国企业的员工参与大多数停留在表面形式而未能深入，相应的员工参与计划或措施未能发挥应有的积极作用。相反，现阶段企业员工参与的现状却在不断弱化，在客观上，既有生产力发展水平的影响，也有相关制度政策不健全的制约，在主观上，改革开放以来我国一直强调对投资者积极性的保护和对投资环境的优化，而对企业改革、改制过程中员工参与管理的问题缺乏科学的认识。

一、现实背景

（一）传统管理方式受到前所未有的挑战

动态性、复杂性和不确定性的外部环境对企业柔性和创新性提出了更高的要求。21世纪以后科学技术的发展颠覆了传统的商业模式与竞争环境，企业面临更具动态性、复杂性和不确定性的外部环境，为了顺应技术、市场和经济等环境因素变化，企业需要不断进行战略转型和商业模式重构才能在现代市场经济中求得生存和发展。外部环境对企业的柔性、创新性提出更高的要求。企业为了构建柔性化的组织，在组织结构和工作设计上尝试打破部门之间和工作之间的界限，员工面临更加多样化和丰富化的工作任务和工作挑战，创新成为员工工作的常态。而传统管理方式会造成员工主体地位缺乏，而使员工创新行为难以实现或持续，员工在企业运营和工作场所决策中不能表达自己的意见，不利于激发员工创新的动机和创新构想，也限制了员工创新的机会和可能性，不利于企业的柔性和创新性发展。

国外发达国家的企业纷纷采取另外一种管理方式,例如,有一些企业采取代表参与、利润分享计划、问题解决小组等参与方式,也有一些企业将员工作为企业利益相关者参与公司管理或治理,这些管理方式重塑了员工与组织之间的关系,体现员工在组织中的主体地位,也加强了员工对企业的认同和承诺,激发员工创新的动机、机会和可能性,对组织的发展产生有利的影响。我国随着市场经济体制及法律制度的不断完善以及对国际先进管理思想和理念的吸收借鉴,管理者逐渐意识到以往经营管理中对员工参与的忽视,员工主人翁地位虚化不仅限制了员工潜能发挥作用的机会,而且导致员工对组织及工作的冷漠和消极态度,对组织的发展带来不利的影响。

(二)员工参与是协调企业劳动关系的重要策略

在宏观上劳动关系和谐是社会安定、经济发展的基础,在微观上劳动关系和谐是企业可持续发展的基础,因此,劳动关系问题关系着国家和企业的健康发展。随着我国经济体制改革的推进,我国劳动关系也从行政化逐渐向市场化转变,政府、劳方和资方三方的主体地位日益明显,政府作为第三方力量的介入,通过相关政策的制定来调整劳资双方的行为;劳动者通过集体力量来与资方进行抗衡;资方采用管理方式来协调企业内部劳动关系。2008—2013年我国各级劳动仲裁机构共受理集体劳动争议6.56万件,案均涉及人数逐年增加,2013年平均每个案件涉及人数达到32人。一部分集体劳动争议通过传统的仲裁、诉讼程序解决,而另一部分争议出现了以停工、怠工、游行、静坐等为主要形式的集体形式。2015年3月21日,中共中央国务院出台了《关于构建和谐劳动关系的意见》(以下简称《意见》),《意见》指出劳动关系的主体及其利益诉求越来越多元化,劳动关系矛盾已进入凸显期和多发期,构建和谐劳动关系的任务艰巨繁重。《意见》也指出要加强企业民主管理制度建设,完善以职工代表大会为基本形式的企业民主管理制度;推进厂务公开制度化、规范化;推行职工董事、职工监事制度。

政府对劳动关系调整的规范与引导以及劳方利益诉求的变化迫使企业在管理方式上进行调整，员工参与成为协调企业内部劳动关系的重要策略。员工在不同程度上参与组织或工作场所决策和管理的过程，管理者和员工之间建立起有效的沟通渠道，员工在组织中的主体地位得以体现，既能促进企业内部劳动关系和谐氛围的产生，也能增强员工对组织和工作的责任和认同。因此员工参与成为建立企业内部劳动关系和谐氛围、促进企业可持续发展的重要策略。

（三）员工工作价值观的变迁引发工作诉求的变化

根据《中国人口和就业统计年鉴2013》的数据，2013年适龄劳动人口总数约为7.4亿人（其中，男性16~65岁，女性16~60岁），其中16~30岁的新生代员工总数约为2.7亿人，占适龄劳动力总人数的36.4%，相对于2007年的32.6%提高了3.8%。新生代员工已经成为劳动力群体的主要力量。这些新生代员工处于中国社会快速发展和经济全球化时期，普遍受教育水平比较高，受国外文化的影响程度也比较高，其价值观也呈现出不同的特点。比如新生代员工强调个性、自主和创新，维权意识比较强；新生代员工大多数是独生子女，团队合作意识比较薄弱，责任感和抗压能力也比较差。新生代员工价值观变化使得他们在组织中对工作的诉求也不同于其他群体，传统管理方式在很多方面不能激发这一群体的内在动机，因此，新生代员工在传统管理方式下很容易丧失对工作的激情和动力，不利于员工个体和组织的发展。

从劳动力总体来讲，随着社会经济水平的提高，员工对精神需求的满足要求与期望越来越高，随着员工需求多样化发展，薪资报酬等物质需求程度相比以往受关注的程度开始下降，而员工希望能够通过参与过程，拥有工作自主权，展现自己的价值并得到组织认可，以获得工作满意度和个人的成就感。因此员工工作诉求的变化要求企业不断探索新的管理方式，关注员工发展，给予员工提供广泛的参与机会，使其能够与组织共同成长。

二、理论背景

国外有关员工参与的思想已有近百年的历史，Taylor 在 1901 年就提出劳资合作机制，Munsterberg 在 1913 年也提出组织潜在的收益来源于员工与管理者之间的协作。到 20 世纪七八十年代涌现了大量员工参与的相关研究，取得了较为丰硕的成果，为中国情境下员工参与的研究与实践提供了很好的参考和借鉴。然而近年来随着外部环境的急剧变化，特别是中国经济体制改革和中国企业的鲜活实践，使这一源于西方的研究在中国情境下有进一步发展推进的必要。

（一）人力资源管理与劳动关系的研究趋于融合

劳动关系视角下的研究主要基于多元论的观点，认为企业与员工的利益目标是不一致的，雇主追求的是企业的经济效益，所以雇主会通过侵害员工的利益以获取最大的经济收益；而雇员所需要的是与雇主地位的平等以及组织内部的发言权问题，通过组织活动实现自我价值和满足自我的需求。正是由于劳资双方目标的不一致，所以产生劳资冲突。通过雇主促进和保护雇员的利益是不够的，因此需要集体协商和政府立法对企业管理活动进行补充和限制。

人力资源管理视角的研究主要基于一元论的观点，强调企业和员工的利益目标是一致的，劳资冲突的产生是不正常的，是因为麻烦制造者、不良沟通和管理不善造成的（崔勋、吴海艳和李耀锋，2010）。一元论的本质是雇主和雇员构成的组织是具有共同目标的一个整体，劳资双方要建立一种合作关系，目的是在实现企业绩效提高的同时，也能够实现雇员的利益需求。部分雇员对雇主或者管理者的决策不理解，或者雇主采取的管理方式不适合，会对劳动关系和谐产生影响，但是在根本上劳资关系是不存在冲突的。

两种视角的分歧导致劳动关系和人力资源管理方面研究的分离。但是从劳动关系和人力资源管理发展的历程来看，劳动关系理论的研究主要是源于古典经济学或者新古典经济学的思想，早期劳动关系的研究不仅关注工人运动、集体谈判、劳动争议等问题,而且人事管理、相关劳动法律等也是其重要的研究内容,第二次世界大战以后劳动关系研究才主要倾向于工会和劳资关系冲突等问题,所以早期劳动关系研究范畴和人力资源管理研究范畴是有重叠部分的。而随着人力资源管理的盛行,管理学者也逐渐意识到在探索最佳人力资源管理实践的过程中,忽略了劳动关系的广泛的哲学基础(Delbridge & Keenoy,2010)。随着全球竞争加剧,企业通过人力资源管理措施实现企业内部劳动关系和谐,进而促进整个国家社会稳定和经济发展应该成为关注的焦点。人力资源管理的研究需要借鉴早期劳动关系研究的成果,而劳动关系研究也需要逐渐回归宽泛的研究范畴,人力资源管理和劳动关系的融合成为趋势。

(二)员工参与在双重视角下的整合研究较为薄弱

早期员工参与的研究开始于产业民主,研究焦点在于员工作为产品/服务的生产者,应该对生产的过程和结果拥有控制权和发言权。Wall 和 Lischeron(1977)指出基于产业民主的思想,在组织内部,员工在决策上应该和管理者一样具有平等的影响力,管理者需要将组织运营、工作场所等相关信息与员工进行分享和沟通,对工作中出现的问题,管理者与员工之间需要进行建设性的合作。

基于人力资源管理视角的员工参与研究开始于20世纪90年代初,Cotton(1993)在著作《员工参与》(*Employee Involvement*)中指出美国经济增长缓慢(显著低于过去15年平均水平),原因在于过去多年忽略了人力资本的重要作用,而员工参与具有提高生产率和产品质量以及改善员工态度的潜力。Lawler(1992)提出高参与管理是提高组织绩效的重要途径,体现为基于组织的相关信息、创造激励性薪酬、提高员工知识及赋予参与决策权力四个方面。综上所述,劳动关系视角下的员工参与强调制度层面的问题,而人力资源管理视角下的员工参与关注参与系统的运行结果,两种视角的研究成果一直处于彼此分离状态,双重视角下员工参与的整合研究还很薄弱。

（三）员工参与影响机制黑箱的探索任重道远

20世纪七八十年代有学者提出员工参与对结果产出的影响机制（Locke & Schweiger，1979；Miller & Monge，1986），但大量的理论和实证研究主要集中在2000年以后，很多学者们基于人力资源资本理论、资源基础观等理论思想从组织层次对员工参与的影响机制进行理论和实证研究（Youndt & Snell，2004；程德俊和赵曙明，2006），也有很多学者基于社会交换理论等基础理论从个体层次探讨了员工参与对员工态度、行为和绩效的影响机制（Messersmith，Patel & Lepak，2011；Boon & Kalshoven，2014）。

虽然已有研究在员工参与影响机制上积累了大量的研究成果，但大多数研究还是基于人力资源管理的单一视角，对员工参与作用路径或传导机制的挖掘还不够系统，内在机理的揭示还不够清晰。因此，需要融合劳动关系的视角，比较全面系统地挖掘关键变量，整合成逻辑关系链条，探索不同路径之间的替代互补效应，从而完整呈现员工参与与作用结果之间的本源和真实关系。

第二节 研究问题、研究内容和研究意义

一、研究问题

根据以上现实背景和理论背景，本书将深入探索的主要问题及研究目标设定如下：

（1）为应对复杂和不确定的外部环境，组织管理模式正经历哪些急剧的、前所未有的变化？员工参与是否正在成为一种趋势或者企业的必然选择？人力资源管理视角下的相关理论研究能否揭示其真实本源？而传统劳动关系视角下的相关理论研究能否诠释这些变化？两种视角的整合和融合是否能够反映员工参与的本质和现实？

（2）员工参与的研究经历从劳动关系向人力资源管理领域拓展或转变的过程，其内涵和结构维度发生了怎样的变化？每个阶段的研究所强调的基本要素有哪些？融合劳动关系和人力资源管理双重视角的员工参与如何进行界定？其结构维度又是怎样划分？

（3）基于经济增速放缓、企业竞争环境不断加剧的现实，激发员工创新行为已然成为国家和企业突破困境实现可持续发展的法宝，而员工参与为创新行为提供了机会和可能性。员工参与是否能够促发员工创新行为？它们之间的过程机制如何？情境因素对这一过程的具体逻辑机理是怎样的？

二、研究内容

根据研究问题，本书所阐述的研究内容主要包含以下几个方面：

（一）重新界定或扩展员工参与的内涵和维度

员工参与研究源于劳动关系视角，在人力资源管理领域得以快速发展。早期劳动关系学者强调影响力分享和参与决策制定，现代人力资源管理学者认为员工参与是一种工作系统设计的整合方式。本书将整合两种视角下的相关研究，对员工参与的内涵和结构维度进行重新界定，期待能够更加全面地揭示员工参与的本质和现实。

（二）剖析员工参与对创新行为影响的过程机制

员工参与是组织基于不同的动因（目标）而采取的计划或措施，不同的动因体现了员工参与安排的不同意义、形式和社会功能。本书将以员工参与的动因为切入点，分别从劳动关系视角和人力资源管理视角阐述员工参与对创新行为影响的中间机制，进而形成员工参与对创新行为影响的双重路径，同时，探讨管理者行为方式在这双重路径中的调节作用，最终形成本书的理论框架。

（三）实证员工参与对创新行为影响的过程机制

在理论推演的基础之上，构建单中介、双中介和有调节的中介模型，通过问卷调查和多种统计方法对各个模型进行检验，并对比分析各个模型在研究问题上解释力的差异，从而检验和判断所构建的双重视角下员工参与对创新行为影响机制的理论框架是否成立和有效。

（四）在已有研究基础之上对员工参与的量表进行修订

本书从劳动关系和人力资源管理的双重视角对员工参与的概念和结构维度进行重新界定，突破了已有文献和概念的局限，也因此带来了已有员工参与量表很难符合实证研究要求的问题，本书将借鉴相关研究的成果，对已有员工参与量表的题项、维度划分等进行修订，最终形成正式调研问卷。

三、研究意义

基于竞争环境和员工诉求的双重压力，员工参与的广泛应用成为企业不可回避的一个重要现实，其有效性是企业十分关注的问题。同时，作为企业的一项组织管理技术，员工参与也需要组织各项资源的支持和配合，因此，其有效性对企业而言有着重要的意义。本书将探索员工参与对创新行为的影响机制，既可以深入探讨员工参与的影响结果及情境边界，也可以揭示这中间的作用机理。

（一）理论意义

基于西方国家企业工会化率和工会影响力不断下降、中国企业工会独立性低、政策法律不健全的现实情境，劳动关系视角下的员工参与研究不能体现员工参与的现实。与此同时，人力资源管理学者们在探索最佳人力资源管理实践的过程中，忽略了劳动关系的广泛的哲学基础（Delbridge & Keenoy，2010），因此，将两种视角下的员工参与研究进行整合具有重要的理论意义。

本书基于劳动关系和人力资源管理的双重视角，对员工参与的概念和结构维度进行重新界定，搭建员工参与对创新行为影响的双重路径，并揭示员工参与对创新行为影响的情境边界。本书可系统全面地揭示员工参与的本质和现实，丰富和拓展员工参与的有效性研究，也有利于推动劳动关系和人力资源管理理论的融合和发展。

（二）现实意义

本书对企业员工管理实践具有指导意义。本书通过双重视角下员工参与对创新行为影响的过程机制的揭示，一方面帮助企业更加全面地了解复杂环境背景下员工参与在组织中的重要角色，为企业重视员工参与提供实证依据。另一方面也可以帮助企业管理者揭开员工参与作用机制的谜团，能够比较清晰地揭示员工参与对创新行为的作用机理，从而有利于组织建立和完善有效的员工参与制度和措施。

第三节　研究思路、技术路线和论文结构

一、研究思路和技术路线

本书的研究思路为：首先，对相关文献进行整理和分析，包括员工参与、创新行为及其他概念的内涵、前因和结果等，奠定了本书的文献基础。其次，以员工参与动因为切入点，提出员工参与基于不同的路径影响创新行为，由此构建员工参与对创新行为影响的理论模型。再次，通过变量选择将理论模型转化为实证模型，并依据具体解释理论提出研究假设，通过问卷设计、数据收集、数据处理和结果讨论等步骤完成实证研究。最后，对研究结论、理论和实践启示以及研究不足进行总结，提出未来研究的展望。本书的技术路线如图1.1所示。

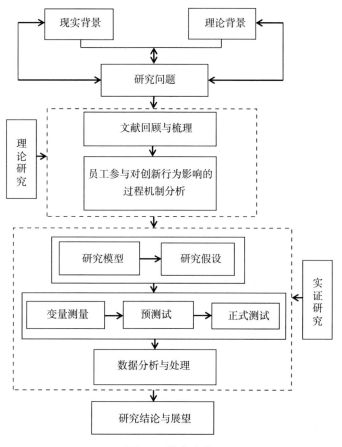

图1.1 技术路线

二、本书结构

根据研究问题和研究思路，本书共设计六个章节，各章节的结构安排和主要内容如下：

第一章：绪论。本章从组织创新压力和员工工作诉求变化等现实背景出发，结合员工参与和创新行为研究的理论背景，提出本书的研究问题；然后根据研究问题确定具体的研究内容，并阐明研究的目的和意义；然后根据研究内容设计本书的研究思路、技术线路及结构安排；最后阐述具体的研究方法和可能的创新点。

　　第二章：文献回顾和评述。本章对员工参与、创新行为及其他相关概念的文献进行回顾和综述。首先，对员工参与的概念和形式、维度和测量等进行回顾和评述，在此基础上对员工参与的概念和维度进行重新的界定，并对员工参与的影响因素、结果和作用机制等相关研究进行归纳和评述。其次，对创新行为的概念、维度和测量、影响因素等方面文献进行梳理和评述。再次，对作为劳动关系视角下"员工参与—创新行为"影响的中间变量工作疏离感进行综述，主要回顾工作疏离感的源起、概念、影响因素和结果等方面的研究；对作为人力资源管理视角下"员工参与—创新行为"影响的中间变量组织认同进行综述，主要回顾组织认同的概念、影响因素和结果等方面的研究。最后，对反映管理者行为方式的变量互动公平进行综述，主要从互动公平的概念和影响结果等方面进行回顾和述评。

　　第三章：员工参与对创新行为影响的过程机制分析。本章将在劳动关系和人力资源管理双重视角下探讨员工参与对创新行为影响的过程机制。具体而言，以员工参与的动因为切入点，提出基于不同动因的员工参与对创新行为影响的路径也是不一样的，即不同动因的员工参与通过不同的中间机制对创新行为产生影响。在此基础之上，归纳出"员工参与—员工主体地位—创新行为"和"员工参与—员工的认知和情绪—创新行为"的双重分析框架，并探索员工参与对创新行为影响的情境边界，最终形成员工参与对创新行为影响机制的理论框架。

　　第四章：员工参与对创新行为影响的实证模型和研究假设。首先通过变量的选择将上文的理论框架转化为实证研究模型，然后运用自我决定理论、工作特征模型和社会认同理论对实证模型中各变量之间的关系进行解释，从员工参与对创新行为、工作疏离感和组织认同的中介作用、互动公平的调节作用三个方面提出研究假设。

　　第五章：员工参与对创新行为影响的实证研究。首先明确员工参与、创新行为及其他相关变量的操作化定义、维度和测量工具，阐述具体实证研究的程序和方法；然后通过基于问卷设计和数据收集对变量间关系进行统计分析，检验主效应、单中介效应、双中介效应和有中介的调节效应，并对比分析各个模型对"员工参与—创新行为"解释力的差异，最后对实证研究的结果进行分析和讨论。

第六章：研究结论和研究展望。在概括本书研究结论的基础上，提炼本书的理论贡献和对实践的指导建议，并从研究设计、数据收集等方面总结和阐述本书的局限和不足，从理论建构、量表开发等方面提出未来研究的展望。

第四节　研究方法和研究创新

一、研究方法

围绕本书的研究问题、研究内容及技术路线，拟采用文献研究、问卷调查和统计分析等具体研究方法。

（一）文献研究

首先，通过 EBSCO、Wiley、ProQuest 等外文数据库及中国知网（CNKI）、万方、维普等中文数据库对有关员工参与、创新行为及其他相关概念的期刊进行文献检索。然后，对已有的文献进行阅读和分类整理，归纳学者们的研究成果和观点，分析已有研究的结论和不足，探索本书的研究切入点和聚焦点。

（二）问卷调查

问卷调查方法是管理学研究应用最为普遍的方法，不仅收集数据速度较快，而且能够根据研究主题设计有针对性的问卷。本书采用问卷调查法进行问卷的发放和收集，具体分为预调研和正式调研两个阶段，在预调研阶段，采用小规模发放的形式，根据调研反馈对初始问卷进行修改；正式调研阶段，采用已经修订好的正式调查问卷，进行大样本数据收集和分析。

（三）统计分析

在数据分析阶段，本书主要采用SPSS 21.0和MPLUS 7.0等统计分析软件进行统计分析，具体的统计方法包含信度和效度分析、方差分析、探索性因子分析、验证性因子分析、层级回归、路径分析等，目的是对提出的研究模型和研究假设进行检验。

二、研究创新

本书在借鉴和吸收已有相关文献的基础上，基于劳动关系和人力资源管理的双重视角，重新界定员工参与的内涵和结构维度，并探讨员工参与对创新行为影响的过程机制。本书的主要贡献和可能的创新点如下：

（一）突破已有文献和概念的局限，拓展员工参与的内涵、维度和测量

早期员工参与的研究主要是基于劳动关系视角，强调员工在组织中的主体地位和发言权，主要目的是缓解劳资矛盾和促进劳资关系和谐。而现在员工参与的研究广泛存在于人力资源管理领域，强调员工参与作为一种管理技术的应用对个体和组织绩效提升发挥着重要作用。因此，劳动关系视角和人力资源管理视角下关于员工参与的界定、维度和测量有比较大的分歧。本书突破已有文献和概念的局限，整合两种视角下的研究成果，拓展员工参与的内涵、维度和测量。

（二）突破已有研究单一视角的局限，以员工参与动因为切入点，对"员工参与—创新行为"中间机制进行更加系统和深入的挖掘

员工参与的动因决定了员工参与的意义、功能及需要解决的问题，而基于不同动因的员工参与不应该理解为竞争关系，而应该是互补关系。比如民主导向的员工参与关注社会问题，忽略了组织和团队效率问题，效率导向的员工参与关注组织和群体因素，忽视了社会意义，而现实中的员工参与是基

于不同动因的多种员工参与类型的完整视图。本书突破现有研究单一视角的局限，以员工参与动因为切入点，从劳动关系和人力资源管理双重视角探索员工参与对创新行为影响的过程机制和情境边界。本书对"员工参与—创新行为"中间机制的挖掘更加系统和深入。

（三）探索管理者行为方式在员工参与对创新行为影响过程中的作用

员工参与作为组织构建并实施的管理制度或组织方式，其有效性会受到执行者（管理者）和员工之间的非正式互动关系的影响。本书基于中国"遵从权威""圈子现象"等现实情境，将管理者行为方式作为本土化研究的情境因素，探讨其对员工参与与创新行为之间关系的影响。

（四）从多方位、多层次探讨员工创新行为的产生机制

管理学者们普遍认为干预措施对员工创新行为影响的中间机制是员工的动机状态，已有研究也大多遵循"干预措施—创新动机—创新行为"的解释逻辑，忽略了创新机会和可能性对创新行为的影响。同时，已有研究在组织因素（包括领导者因素）对员工创新行为的影响机制研究方面积累丰富的文献，对工作因素及工作因素与其他因素共同作用对创新行为影响的研究相对较少。本书提出了员工参与通过创新动机、创造性构想、创新机会和可能性影响创新行为的解释逻辑，将创新行为置于一个组织、工作和管理者三方面因素构成的整体框架之中，从多方位、多层次探讨创新行为的产生机制。

第二章　文献回顾和评述

本章将对本书所涉及核心概念的相关研究进行回顾和评述。首先，对员工参与概念和维度、影响因素和结果产出等方面的相关文献进行详细阐述，并在此基础上对员工参与的概念和维度进行重新界定；其次，对创新行为的概念、维度和影响因素进行回顾和评述；再次，对"员工参与—创新行为"的中介变量工作疏离感和组织认同的相关文献进行梳理和评述。最后，对反映管理者行为方式的调节变量互动公平的相关文献进行综述。

第一节　员工参与的文献回顾和评述

国外关于员工参与的思想和研究已有近百年的历史，Munsterberg（1913）提出组织潜在的收益来源于员工与管理者之间的协作。参与和协作的基本思想和元素也反映在霍桑实验的研究报告当中（Roethlisberger & Dickson，1939）。霍桑实验表明工厂应赋予员工实际的话语权（决定他们的工作条件），寻求与员工的合作，以提升员工的工作士气。20世纪五六十年代，许多学者的研究对员工参与理论和实践的发展起到了重要推动作用，Lewin（1948，1951）通过实验研究对比分析独裁型、民主型和放任型领导，验证了民主型领导风格往往能够带来更高的生产率，同时他的研究也发现群体讨论和群体决策更加有效；Trist（1963）和Emery（1964）提出了社会技术系统（Sociotechnical Systems）的概念并应用于组织领域，提出有效的工作组织应该是社会系统（人际互动）和技术系统（工具和技术应用）的同步运行，另外，他们实践和发展了自我管理团队（Self-Directed Work Team），激发了员工参与其他形式的产生和发展。

20世纪七八十年代以后，涌现了大量员工参与的文献，其研究主题也是多种多样的，包含参与决策制定（Alutto & Belasco，1972；Locke & Schweiger，1979）、员工参与计划（Clegg & Wall，1984；Cotton et al.，1988）、授权（Conger & Kanungo，1988；Parker & Price，1994）、自我管理团队（Manz，1992）、自治工作小组（Pearson，1992）、高参与工作系统和高参与工作实践等（Arthur，1992）。这些主题来源于组织理论、劳动关系及组织行为等不同的研究领域。而且几乎所有的研究主题都获得了学者们肯定的推断和评价。Ashmos et al.（2002）从组织理论视角提出员工参与加强了组织内部的联结，使得组织以最有效的方式进行自组织和自我演变。Budd（2004）从劳动关系视角提出员工参与机制促进了劳动关系三个基本目标公平、效率和发言权的最佳平衡。Lawler和Mohrman（1985）从管理学视角提出参与不仅是哲学层次需要，而且能够为组织带来实际的收益。

一、员工参与的概念和形式

（一）员工参与的概念和性质

员工参与概念广泛应用于人力资源管理和劳动关系的文献中。早期的研究开始于产业民主和参与式管理，比较普遍的定义是影响力的分享（Mitchell，1973）、和员工参与决策的程度（Locke & Schweiger，1979；Miller & Monge，1986）。Neumann（1989）定义参与式的决策制定是在群体责任和系统影响的情境下组织员工自我管理的结构和过程。Cotton（1993）将员工参与定义为发挥员工全部能力，鼓励员工对组织成功进行更大承诺而设计的一种参与过程。Glew et al.（1995）定义员工参与是组织中高层管理者为低层次员工或群体提供角色外的机会，让他们对组织绩效有更大的发言权。Wall和Lischeron（1977）提出参与包含三个基本要素，即影响力（员工和管理者在决策上的公平影响力）、互动（员工和管理者相互具有建设性问题解决导

向的共同合作）和信息分享（信息的共同分享与沟通）。Cox，Marchington 和
Suter（2009）定义员工参与是管理者和员工直接或间接的互动过程，包括信
息分享和员工对部门机构等产生影响程度。

目前大多数人力资源管理方面研究将员工参与作为一个工作系统设计的
整合方式（Benson，Young & lawler，2006）。Walton（1985）提出高参与管理
方法认为员工具有良好的自我控制能力和自我实现动机，如果对员工进行必
要的培训、组织和领导，同时提供挑战性的工作，员工能够在工作的过程中
最大限度地发挥自己的创造力。Lawler（1988）提出不同程度地参与基于组
织的相关信息、创造激励性薪酬、提高员工知识及赋予参与决策权力四个方
面。Mohr 和 Zoghi（2008）定义高参与工作设计为质量圈、反馈、建议计划、
任务团队和岗位轮换等项目的应用。Handel 和 Levine（2006）认为员工参与
包括工作轮换、质量圈、自我管理团队、提出生产建议、意见表达、管理者
提供信息及一些支持性行为。Green（2012）认为员工参与是指员工获得信
息、参与生产及组织有关问题的讨论、参与利润分享计划或者绩效工资、工
作设计或者工作重塑等（见表2.1）。

表2.1　员工参与的概念

视角	代表性定义	基本要素
劳动关系视角	影响力的分享（Mitchell，1973） 员工参与决策制定（Locke & Schweiger，1979；Miller & Monge，1986）	影响力互动信息分享
	参与式的决策制定是在群体责任和系统影响的情境下组织员工自我管理的结构和过程（Neumann，1989）	
	发挥员工全部能力，鼓励员工对组织成功进行更大承诺而设计的一种参与过程（Cotton，1993）	
	组织中高层管理者为低层次员工或群体提供角色外的机会，让他们对组织绩效有更大的发言权（Glew et al.，1995）	
	管理者和员工直接或间接的互动过程，包括信息分享和员工对部门机构等产生影响程度（Cox，Marchington 和 Suter，2009）	

续表

视角	代表性定义	基本要素
人力资源管理视角	员工具有良好的自我控制能力和自我实现动机，如果对员工进行必要的培训、组织和领导，同时提供挑战性工作，员工能够在工作过程中最大限度地发挥自己的创造力（Walton，1985）	权力、知识、报酬、信息
	不同程度地参与基于组织的相关信息、创造激励性薪酬、提高员工知识及赋予参与决策权力四个方面（Lawler，1988）	
	高参与工作设计为质量圈、反馈、建议计划、任务团队和岗位轮换等项目的应用（Mohr & Zoghi，2008）	
	高参与工作系统包括工作轮换、质量圈、自我管理团队、提出生产建议、意见表达、管理者提供信息及一些支持性行为（Handel 和 Levine，2006）	
	员工获得信息、参与生产及组织有关问题的讨论、参与利润分享计划或者绩效工资、工作设计或者工作重塑等（Green，2012）	

资料来源：作者整理。

（二）员工参与的形式

员工参与具体表现为多种形式，在不同时期、不同国家和劳动关系模式下，参与形式存在很大的差异。Bar-Haim（2002）将参与历史划分为80年代以前的工人参与（Worker Participation）和20世纪80年代以后的员工参与（Employee Involvement）两个阶段。工人参与以正式代表参与为主（Marchington，1987），实现产业和平和提高生产率是工人参与的主要目标，且在不同国家和劳动关系模式下正式代表参与在管理者利益、表现形式、规则和主题等也存在着一定差异。英国通过联合咨询委员会的参与形式使工人拥有相关事务的被咨询权。德国的共同决策制通过工人代表参与监事会和工作委员会两种渠道来实现。美国的集体谈判制度鼓励管理者和工人共同决定雇佣条件。

20世纪80年代以后员工参与的目标、战略结构和操作模式发生了很大的变化，产业民主和产业和平不再是参与的主要目标，管理者期望设计一种参与结构和过程以提高生产率和竞争力，具体包括技能提升、团队工作、质量承诺和加强工作柔性等，于是产生了全面质量管理、质量圈、收益分享计划、工作丰富化等参与形式。这些参与形式能够改善工作条件和提供更多员工自我发展的机会，进而更加直接影响生产率。另外，管理者们也在寻求其他的非正式员工参与途径，比如团队会、问题解决小组、态度行为调查等形式都为员工参与提供了机会，目前这些参与方式也普遍存在（Cox, Marchington & Suter，2009；Lavelle et al.，2010）。另外，非正式信息互动参与普遍存在于缺乏正式参与的中小型企业中，同时大型企业也通过采取这种形式来建构员工信任和承诺（Townsend et al.，2012）。

学者们对员工参与的不同形式进行了整合和分类。比较普遍的归类方式是将参与划分为直接参与和间接参与，Hyman 和 Mason（1995）认为，直接与间接参与都是给予员工话语权：直接参与是个体员工的话语权，间接参与是集体话语权的体现。Alutto 和 Belasco（1972）认为参与的有效性取决于个体期望参与与实际参与之间存在差异，据此将决策参与分为剥夺、平衡和饱和三种状态，具体表现为员工实际的参与少于、相等及超过期望的参与。Lawler（1995）按照权力下移的程度分为提案参与（Suggestion Involvement）、工作参与（Job Involvement）和经营参与（Business Involvement）三种形式。提案参与鼓励员工提出变革的建议，但员工无权进行决策，因影响力有限对现有组织结构没有冲击而成为最为普及的参与形式；工作参与是伴随个体工作丰富化或自我管理团队的创建而出现，组织结构需要发生改变，员工及其团队执行基本生产与服务工作的重要决策权力；经营参与不仅包含工作参与和建议参与，而且还强调员工参与经营管理。

Macy，Peterson 和 Norton（1989）将员工参与分为人际参与（Interpersonal Participation）和结构参与（Structural Participation）。人际参与是管理者通过与下属交流征求下属的意见和建议，这种参与往往没有制度规定因此属于非正式参与。结构参与指有明确的制度规定参与规则、程序等。Roy（1973）将员工参与区分为人际参与（Interpersonal Participation）和制度参与（Institutional Participation）。前者指发生在小群体的上下级关系中。后者代表正式制度设计的参与方式和结构。

Ben-Ner和Jones（1995）认为员工的所有权包括控制其使用和享有其收益，控制权涵盖了组织目标确定、组织中员工职位及职位功能、如何实现功能等内容，收益权包括返还财务和获得物质收益，可以表现为分配利润、工资、工作条件等，他们认为参与计划使员工享有控制权和报酬权。Perotin和Robinson（2002）将员工参与分为参与控制和参与报酬两种类型，他们参与实践既包括直接或间接的参与形式，比如双向沟通、质量圈、自治团队，工人委员会、联合咨询委员会工作，也包括收益分享计划、员工持股计划等。参与控制的效果通过增加员工的创造力、责任心和尊严以及降低冲突促进决策，增加信任促进协作等来实现；参与收益通过给予员工工作激励促使其努力工作，获取更多的人力资本及减少员工流失等。

Leifer和Hubers（1977）将员工参与决策制定划分为工作决策参与和战略决策参与。Wall，Wood和Leach（2004）将员工参与区分为角色参与（Role Involvement）和组织参与（Organizational Involvement）。角色参与集中于员工的核心工作，而组织参与是指员工参与超过工作范围的决策制定。Wood和Menezes（2011）认为传统产业关系中参与是核心要素，而激励被视作对参与的支持，据此他们将员工参与划分为角色参与、高参与管理、发言权和经济参与四种类型。角色参与是指个体执行和管理自己工作任务的责任；高参与管理是指直接的组织管理的类型，比如团队工作、质量圈、头脑风暴等；发言权指与正式员工关系机制相关的间接参与机制，比如工会、工作委员会等；经济参与涉及支付方式、晋升、财务收益等实践。Wood et al.（2012）基于以上研究提出员工参与包括工作场所的丰富化工作设计和超越工作场所的组织管理方式，前者是指采取工作丰富化的方法和导向设计高质量的工作，使员工对自己的基本任务具有自由裁量权和灵活性，后者鼓励员工积极性、柔性和合作，通过参与实践提供组织参与的机会，包括直接的参与形式（头脑风暴法、团队工作、灵活工作描述等）和间接的参与形式（信息传播和具体参与培训）（见表2.2）。

表2.2　员工参与的形式

学者	观点
Haim（2002）	工人参与（Workers Participation） 员工参与（Employee Involvement）
Alutto 和 Belasco（1972）	决策剥夺（Decisional Deprivation） 决策平衡（Decisional Equilibrium） 决策饱和（Decisional Saturation）
Lawler（1995）	提案参与（Suggestion Involvement） 工作参与（Job Involvement） 经营参与（Business Involvement）
Macy，Peterson 和 Norton（1989）	人际参与（Interpersonal Participation） 结构参与（Structural Participation）
Roy（1973）	人际参与（Interpersonal Participation） 制度参与（Institutional Participation）
Perotin 和 Robinson（2002）	参与控制（Participationin Control） 参与报酬（Participationin Returns）
Wall，Wood 和 Leach（2004）	角色参与（Role Involvement） 组织参与（Organizational Involvement）
Wood 和 Menezes（2011）	角色参与（Role Involvement,） 高参与管理（High Involvement Management） 发言权（Voice） 经济参与（Economic Involvement）

资料来源：作者整理。

二、员工参与的维度和测量

（一）员工参与的维度

员工参与的维度是员工参与所包含的组成部分，用于描述员工参与的内涵和性质，也用于界定组织中哪些活动从属于员工参与的范畴。20世纪八九十年代关于员工参与的综述文献都提出参与是多维结构的概念（Dachler & Wilpert，1978；Locke & Schweiger，1979；Miller & Monge，1986；Wagner & Gooding，1987）。

Dachler 和 Wilpert（1978）提到用五个维度来描述员工参与的性质：正

式—非正式；直接—间接；影响程度；参与内容；参与范围。正式-非正式参与在合法性基础上存在差异，正式参与的合法性主要源于法律、合同和管理政策，非正式参与是基于社会单位或个人在社会互动中的共识，通过实践和发展程序或习俗变得合法化。直接参与和间接参与反映了参与的发展历史，直接参与是基本的标准和理想形式，间接参与与专制社会系统相对应。参与是基于影响程度不同的连续统一体，比如参与可以分为没有参与、给与信息、员工建议、建议采纳、否决权、完全参与等（IDE，1976）。民主和社会主义理论认为要进行广泛的参与，人文主义和效率理论强调根据组织角色限定参与内容。参与范围是指参与系统所设计的人员范围（选举的代表、特定的人群和部门、全部组织成员、外部人员等）。Strauss（1982）采用分类学的方法将员工参与分为四个维度：组织层面、控制水平、参与议题范围和员工所有权。组织水平是指员工参与实践聚焦在部门和个体水平还是聚焦于公司和工厂层面。控制程度是指员工是被咨询、参与政策制定，还是完全控制。参与议题范围是指生产问题、工作内容，还是投资决定等重大问题。所有权是指多大程度员工所有。

　　Cotton（1993）根据各种员工参与形式对组织的有效性将其划分为强参与、中参与和弱参与三类：强参与包括自我管理团队和利润分享计划，这两项制度对员工态度和生产率都能够产生积极的影响；中参与主要包括工作生活质量计划、工作丰富化、员工持股计划等，这种较高层次的参与制度并未大幅度提升生产率；低参与主要是质量圈和各种代表参与形式，员工往往在这些形式上缺乏真正的决策自主权。

　　Black 和 Gregersen（1997）总结了学者们关于参与的六个具体维度（理论导向、结构、形式、问题、程度、过程）。员工参与具体包括两种理论导向，人类/民主理论导向认为员工有权参与相关决策，这种理论导向假定员工有能力或者有潜力参与决策；实用主义/人际关系理论导向认为员工参与是组织取得高绩效的工具。参与结构是指正式-非正式结构，正式结构参与一般有明确的规则和程序，非正式参与没有明确的关于谁参与、怎样参与等问题的规则。参与形式具体包括正式直接参与和代表参与，直接参与形式允许参与者直接参与决策过程，提供信息和建议给其他的参与者；间接参与形式仅限于选举、轮换或任命的代表进行参与。参与问题具体包括工作或任务涉及、工作条件、战略问题和资本分配或投资问题四个方面。参与程度划分为没有参与、给予信息、员工建议、建议采纳、否决权、完全参与六种程度。参与过程包括识别问题、可供选择的解决方案、选择具体方案、方案实施、评估方案结果。参与程度（没有参与到完全参与）贯穿参与过程中的每个阶段。

Granovetter（1985）提出的"嵌入度"（Embeddedness）三个维度，即网络嵌入、制度嵌入和时间嵌入，用于研究经济行为的社会影响，Cox, Zagel-meyerl 和 Marchington（2006）借鉴过来开发了员工参与嵌入度的概念，认为员工参与嵌入度划分为广度（Breadth）和深度（Depth）两个维度。参与广度是指员工参与的网络嵌入（多种参与实践相互依赖相互影响），用于衡量工作场所中员工参与实践的数量；参与深度是员工参与的制度嵌入（参与实践做为组织规则的合法性）和时间嵌入（参与实践的频率和规律性），用于衡量单一参与实践的嵌入程度。Marchington（2015）也采用这种维度划分方式，并发展了员工参与广度和深度的测量方法。Pendleton 和 Robinson（2010）提出员工参与包含参与类型和参与质量两个维度，参与类型是指工作场所中参与的数量，包括质量圈、信息系统和建议计划等；参与质量是主要反映员工是否有足够的发言权，体现在工作会议中重视和处理员工问题和意见的程度。

表2.3 员工参与的维度

学者	维度
Dachler 和 Wilpert（1978）	正式—非正式；直接—间接；影响程度；参与内容；参与范围
Strauss（1982）	组织层面、控制水平、参与议题范围和员工所有权
Cotton（1993）	强参与、中参与、弱参与

续表

学者	维度
Black 和 Gregersen（1997）	理论导向、结构、形式、问题、程度、过程
Cox，Zagelmeyerl 和 Marchington（2006）	参与广度、参与深度
Pendleton 和 Robinson（2010）	参与类型、参与质量

资料来源：作者整理。

（二）员工参与的测量

学者们根据不同的研究主题制定相应的测量工具，对员工参与的有效性开展实证研究。20世纪七八十年代，员工参与比较统一的界定为影响力分享和参与决策制定（Mitchell，1973；Locke & Schweiger，1979；Miller & Monge，1986），因此员工参与测量主要集中于工作场所员工参与决策制定的影响程度。比如，Alutto 和 Acito（1974）采用七个题项（"当有多项任务需要完成时可以决定完成工作任务顺序""当完成一项任务后可以决定下一项工作任务"等）的测量量表评估制造业企业员工参与决策制定的程度。也有学者从产业民主的视角认为员工参与不仅局限于工作场所，因此将员工参与决策制定划分为工作决策参与和战略决策参与（Leifer & Hubers，1977；Wall et al.，2004；Wood et al.，2012）。Leana，Ahlbrandt 和 Murrell（1992）采用24个题项测量在四个方面员工对决策制定影响的程度，具体为：（1）传统管理问题、战略问题及其他传统上都是由管理者单独决策的问题，比如薪酬、投资收益等问题。（2）质量或工作有效性问题，比如工作安排、工作方法等问题。（3）工作团队内部互动问题，比如如何雇佣、如何进行任务分配等问题。（4）报酬问题。Perotin 和 Robinson（2000）基于 Ben-Ner 和 Jones（1995）的观点（员工参与是给与员工控制权和报酬权），提出员工参与要从控制参与和报酬参与两个方面进行测量，控制参与包括联合咨询委员会、质量圈和团队会等；报酬参与包括利润分享计划、员工持股计划和现金分红计划等。

学者们根据 Lawler，Mohrman 和 Ledford（1995）提出的参与管理的四个要素（权力、信息、报酬和知识），开发了高参与工作实践/系统、高绩效工作实践/系统的测量工具（Lee，Hong & Avgar，2015；Pohler & Luchak，2014）。Benson，Young 和 Lawler（2006）提出从信息（"公司总体经营状况信息"、"部门经营状况信息"等）、培训（"团队决策/问题解决技能""领导力技能"等）、报酬（"个体激励薪酬""团队激励薪酬"）、其他（"调查反馈""员工参与团队"等）四个方面衡量高参与管理实践。Zatzick 和 Iverson（2006）提出从工作场所员工调查（WES）资料中选择灵活工作设计、与员工信息分享、问题解决团队、自我管理团队、利润分享和正式培训六个方面测量高参与工作实践。Guthrie（2001）提出从内部提升、基于绩效（vs.资历）的提升、技能基础薪酬、团队基础（收益、利润）薪酬、员工持股计划、员工参与计划、信息分享、态度调查、工作组、交叉培训或者轮岗、针对未来技能需要的培训等方面测量高参与工作实践。Harley（2002）利用澳大利亚工作场所产业关系调查（AWIRS95）资料，从向下交流实践（"管理者与员工交流工作场所绩效、人员计划和投资计划"等）、向上交流实践（"员工态度调查"等）、平等的机会实践（"正式的均等就业机会文件"等）、激励计划（"绩效工资计划"等）、雇佣安全指标（"核心员工所占百分比"等）、培训构成（"过去一年正式的脱产培训"等）、家庭友好实践（"非管理员工有权享受育儿假"等）、质量圈等多方面衡量高绩效工作系统。

一个组织通常采用多种参与形式，所以只是针对某一种或者几种参与形式进行的测量与有效性的研究，往往不能反映组织员工参与实践的全部和现实。Sumukadas（2006）提出员工参与实践作为一个有机统一的整体，而不是单个实践糅合在一起的大杂烩。各种参与实践之间存在互动关系，参与的有效性是多种参与形式共同作用的结果，因此，需要对员工参与进行整体性和系统性的测量。Cox，Zagelmeyerl 和 Marchington（2006）提出员工参与的"嵌入度"（Embeddedness）的概念，用以代表多种参与形式的整体和融合。具体采用广度（网络嵌入）和深度（制度嵌入和时间嵌入）两个维度进行测量，其中广度可以用工作场所中员工参与实践的数量来测量（多种参与实践相互依赖能够增加参与的力量和质量）。Handel 和 Levine（2004）通过研究也表明员工参与捆绑更加有效，Wilkinson et al.（2013）认为多种参与实践可以增加参与的合法性和有效性。员工参与的深度用两个方面的指标来测量，一方面是反应参与实践在组织的合法性；另一方面反映参与实践的频率和规律性。Marchington（2015）认为 Cox，Zagelmeyerl 和 Marchington（2006）关于参与广度和深度的测量受制于 WES 调查数据，调查的内容仅仅包含联合咨询委员会、团队会和问题解决小组等三种正式参与形式，排除了员工意见调查等非正式参与形式。他将员工参与实践划分为代表正式系统、直接正式会议、信息互动三种类型，用以衡量员工参与的广度。员工参与的深度用管理者对员工参与的承诺、员工独立性的证据、有意义的参与内容、参与的规律、频率和可持续性四个方面的题项进行衡量。

表2.4　员工参与的测量

类型	学者	测量（举例）
参与决策制定	Alutto 和 Acito（1974） Leifer 和 Hubers（1977） Wall et al.（2004） Wood et al.（2012） Leana，Ahlbrandt 和 Murrell（1992） Perotin 和 Robinson（2000）	（1）传统管理问题、战略问题及其他传统上都是由管理者单独决策的问题（2）产品质量或工作有效性问题（3）工作团队内部互动问题（4）报酬问题。（Leana，Ahlbrandt & Murrell，1992）
高参与工作实践/系统（高绩效工作实践/系统）	Lee，Hong 和 Avgar（2015） Pohler 和 Luchak（2014） Benson，Young 和 Lawler（2006） Guthrie（2001） Zatzick 和 Iverson（2006） Harley（2002）	内部提升、基于绩效（vs.资历）的提升、技能基础薪酬、团队基础（收益、利润）薪酬、员工持股计划、员工参与计划、信息分享、态度调查、工作组、交叉培训或者轮岗、针对未来技能需要的培训。（Guthrie，2001）
参与嵌入度	Cox，Zagelmeyerl 和 Marchington（2006） Cox，Marchington 和 Suter（2009） Marchington（2015）	（1）参与广度：代表正式系统、直接正式会议、信息互动（2）参与深度：管理者对员工参与的承诺、员工独立性的证据、有意义的参与内容、参与的规律、频率和可持续性。（Marchington，2015）

资料来源：作者整理。

三、员工参与的概念和维度的重新界定

（一）已有研究的评述和不足

从员工参与的概念和维度的研究历程来看，早期和现代研究的理论视角和具体内容有很大的差异。20世纪80年代以前，员工参与的概念的研究主要是从劳动关系视角聚焦于影响力分享和员工参与决策制定，员工参与的维度和测量也主要关注工作场所决策参与和战略决策参与等方面的内容。20世纪80年代以后，员工参与的研究更多从人力资源管理视角将其作为一个工作系统设计的整合方式，员工参与的维度和测量主要围绕权力、知识、信息和薪酬四个方面，用以开展高参与工作实践/系统（高绩效工作实践/系统）等方面的实证研究。

虽然两个阶段的员工参与研究都具备特定的理论基础和研究视角，也取得了丰富的研究成果，但是两个阶段的研究一直处于一种彼此分离的状态。目前很少有研究将两个阶段的研究成果进行整合，进而全面系统地探讨员工参与的内涵和本质，同样，员工参与的维度和测量也没有形成统一的认识。

（二）员工参与的两种理论视角

在已有的相关文献研究中，不同学者在员工参与概念、维度及测量方式等方面表达为不同的观点，重要原因在于学者们是基于不同的理论背景进行员工参与的研究。

1.劳动关系视角的员工参与

劳动关系理论认为雇主和雇员之间存在着经济利益冲突，雇主期望通过降低工资、增加灵活雇佣等方式缩减劳动力成本，雇主能够获得最大的经济收益；而雇员期望增加工资、改善福利、提高雇佣安全保障等，获得较为有利的组织地位和工作条件，两者之间此消彼长的关系造成劳资关系冲突，因此平衡劳资关系冲突成为劳动关系研究的重要话题。政府政策和工会是平衡

劳动关系冲突的重要治理机制，政府制定劳动标准和监管措施来约束雇主的行为，工会通过集体谈判等形式增强雇员的力量。

在劳动关系理论指导下，西方国家出现了工人委员会、联合咨询委员会、共同决策制、集体谈判、员工参与董事会或监事会等员工参与形式，这些形式就成为了劳动关系研究的核心话题。大多数西方国家都通过法律规定的形式要求企业实行这些参与形式，比如西欧一些国家要求公司董事会或者监事会必须有一定比例的工人代表，而工人代表代替全体工人行使决策和监督的权力。代表参与也是一种以立法形式出现的广泛使用的员工参与形式，目的是在组织内部重新分配权力，使得工人的利益得到保障。我国的劳动法也规定了"劳动者依照法律规定，通过职工大会、职工代表大会或者其他形式，参与民主管理或者就保护劳动者权益与用人单位进行协商"。

2.人力资源管理视角的员工参与

人力资源管理理论认为雇主和雇员之间不存在利益冲突，他们之间的目标是一致，而所谓的劳资冲突是由于管理不善或者不良沟通造成的（崔勋，吴海艳和李耀锋，2010），而雇主和雇员之间的合作，既能够实现企业绩效目标，也能够满足雇员的利益需求。Fox（1974）提出有效的政策和实践可以协调雇员和雇主的利益。因此人力资源管理成为工作场所治理的首选机制，而政府和工会都是不必要的约束。

在人力资源管理理论指导下，西方国家在20世纪八九十年代出现了质量圈、自我管理团队、态度调查、团队会等高参与管理的形式，这些高参与方式在企业中的广泛推行，使得企业越来越重视员工的作用，人力资源管理者希望通过员工参与的方式激发员工的潜能、增加组织的灵活性和柔性。近期盛行的高参与工作系统/实践、高绩效工作系统/实践就是基于人力资源管理或者一元主义的理论背景，其核心要素也是员工参与。

（三）员工参与的概念的重新界定

通过对国外员工参与的概念、形式和维度等方面文献的回顾和梳理以及员工参与的理论基础分析，可以发现不同历史阶段和不同理论视角下的员工参与，其内涵和聚焦点存在着很大的分歧。传统劳动关系视角下的员工参与主要基于"多元论"的理论基础，关注影响力分享和员工参与决策制定，更多强调参与制度层面的问题。而现代人力资源管理视角下的员工参与主要基于"一元论"的理论基础，将员工参与作为一个工作系统设计的整合方式，更多强调参与有效性的问题。

本研究认为两种视角的研究应该是一种互补关系，而不是竞争关系。劳动关系理论除了强调制度层面的问题以外，也应该关注劳动关系系统运行的最终结果，而人力资源管理理论所强调的有效性问题也应该是建立在重塑员工—组织关系的基础之上。Delbridge 和 Keenoy（2010）提出学者们在探索最佳人力资源管理实践的过程中忽略了劳动关系的广泛的哲学基础。现实的员工参与应该是整合两种视角、承载双重目标的完整视图。因此，本书基于劳动关系和人力资源管理的双重视角对员工参与的概念进行重新界定。

借鉴 Glew et al.（1995）、Cotton（1993）和 Lawler（1992）等定义，本书定义员工参与是指组织采取一些具体的制度计划或组织方式，让员工对工作和组织有更大的发言权，鼓励员工对工作和组织进行更大的责任和承诺，以期达到提升员工主体地位和促进组织绩效的目标。

理解员工参与的概念，需要厘清以下几个方面的问题：

（1）员工参与包含制度设计和组织方式两个方面的内容。员工参与既包含为提高员工发言权而设计的具体组织制度，也包含一些高参与的组织方式。这一概念既融合了传统劳动关系视角员工参与是一种制度设计的本质，也融合了现代人力资源管理视角员工参与是一种管理工具的含义。

（2）员工参与是一种正式的制度和组织方式。员工参与是组织有意采取的制度和组织方式，而不是具体员工的参与态度与行为。因此，哪些因素影响员工参与的态度和行为、如何提高员工参与的态度或行为等研究问题不属于本书的范畴。

（3）员工参与承载着提升员工主体地位和促进组织绩效的双重目标。两个目标之间并不总是矛盾的，员工主体地位提升能够激发员工主体意识，也能够提高员工创新的机会和可能性，有利于组织绩效目标的实现。

（4）非正式的人际互动不属于员工参与的范畴。员工参与是组织正式的制度安排，在组织小群体的上下级关系中，上级通常会与下属交流、征求下属的意见和建议，这种非正式的人际互动没有制度规定，因此不属于本书的研究范畴。

（四）员工参与维度的重新界定

学者们对于员工参与维度划分的研究主要是从参与层次、形式、程度、内容、范围等方面展开。员工参与的各个维度之间是互相联系的，比如，员工参与的层次在一定程度上决定了员工参与的内容和形式，员工参与的形式也反映了员工参与的层次、内容和范围，员工参与的程度贯穿员工参与的层次、形式和内容等各个方面。本书基于前文对员工参与概念的重新界定，整合学者们有关员工参与维度的划分方式，主要借鉴Wood（2011，2012）的观点，重新提出了员工参与的三个基本维度，如图2.1所示。

（1）角色内发言权。角色内发言权集中于员工的核心工作，强调员工执行和管理自己工作任务的权力和责任。具体而言，就是组织采取工作多样化或丰富化的方法和导向设计高质量的工作，使员工对自己的基本工作任务具有自由裁量权和灵活性。

（2）高参与组织方式。高参与组织方式主要关注直接的组织方式，比如工作团队、问题解决小组、质量圈、建议计划等。高参与组织方式重视员工与管理者、其他员工之间的连接和合作，这些方式有利于促进创新想法的产生和对新问题的有效解决。

（3）角色外发言权。角色外发言权强调工作任务范畴以外的参与和正式的间接参与机制。员工享有组织层面的相关信息和影响力，在培训、雇佣和绩效考评等活动中能够得到平等的对待。此外，正式的间接参与机制，比如，工会就员工工资和工作条件等方面与公司进行谈判等，也属于角色外发言权的范畴。

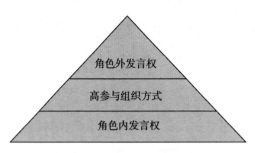

图2.1　员工参与的维度

四、员工参与的影响因素研究

员工参与通常是管理者强加给员工的制度措施（Kanter，1983），是组织依据组织环境、战略等多种因素考量后制定的决策或计划。因此，需要探讨组织情境因素如何影响组织员工参与策略选择。Poole，Lansbury 和 Wailes（2001）提出在一个给定的时间点、特定形式的员工参与反映了宏观条件、主体的战略选择、权力分布和组织内部结构和流程的影响作用。Marchington（2007，2015）认为组织外部的制度框架、产品和劳动力市场情况（组织化程度）、组织结构和文化等因素使得不同的组织在员工参与的深度和广度上呈现出差异。制度框架决定了雇主选择参与实践的制度空间，行业和产品市场的稳定性影响参与的深度和广度，工会等机构也决定着参与的形式和质量，管理者对参与的承诺等组织文化因素是员工参与的重要影响因素。本书对学者们的观点进行总结和归纳，认为影响员工参与的组织因素包括组织基本特征（规模、年龄等）、组织环境和战略、管理者风格等三个基本部分。

（一）组织基本特征

组织规模、发展历史、所处行业及组织文化等基本特征会对组织员工参与策略选择和实现产生影响。

组织规模影响组织员工参与策略选择，但是研究结论是不一致的。有些学者认为组织规模越大，越有能力采取高参与实践（Terpstra & Rozell，1993；Godard，1991；McNabb & Whitfield，1999；Youndt et al.，1996；Newton，1998，2001）。Conger 和 Kanungo（1988）的研究证明了组织规模与参与程度之间存在正向关系。Terpstra 和 Rozell（1993）和 Godard（1991）提出组织规模越大越容易采取高参与实践，而规模较小的组织往往面对较大的压力，没有更多的资源投资于高参与实践，因此高参与的人力资源系统更容易得到较大规模组织的支持（McNabb & Whitfield，1999），Youndt et al.（1996）的研究也支持了这一观点。Newton（1998，2001）指出规模较小的公司不太可能采用基于团队的薪酬，因为这样做的收益不足以抵销成本。相反，Osterman（1994）认为规模较小的组织因为没有官僚化组织结构，所以更加灵活或者更有可能采取高参与实践，Sheppeck 和 Militello（2000）和 Heller et al.（1998）的研究也同意这一观点。

组织发展历史较长往往带来官僚化的组织结构以及较强的组织惯性和刚性。Conger 和 Kanungo（1988）认为官僚组织由于受到规则和制度的束缚，限制了自治和自我表达的空间，因此成为员工参与的障碍。种群生态学（Hannan & Freeman，1977）认为组织的年龄往往与创新采用比率成反比，进而导致组织刚性问题，这种刚性和惯性威胁组织的发展，在动荡的组织环境中被淘汰。未采用高参与实践往往就是因为对变革的抵制和对改变组织惯性的困难（Pil & MacDuffie，1996）。Nelson 和 Winter（2009）认为高参与工作实践成为组织的潜在竞争优势，工人积累的经验越少，对工作过程的固定期望越少，越容易采取高参与工作实践。Ichniowsky et al.（1996）提出相对于成立时间较长的企业，年轻的企业更倾向于采取高参与实践。

Hofstede（1991）强调行业在决定组织采取人力资源管理实践中的重要性。Terpstra 和 Rozell（1993）提出组织采用的人力资源实践在不同行业的组织中存在显著差异，制造企业更关注原材料、设备和技术而不是人力资源，而服务业更加关注它们的首要资源，就是员工。服务业企业认为员工是企业的核心竞争要素，所以倾向于采用参与实践。Ordiz-Fuertes 和 Fernandez-Sanchez（2003）研究结果也支持了这一观点。

组织可持续的竞争优势不仅取决于产品和技术过程，而且更多基于其潜在的文化发展，基于组织文化的差异是难以短期复制。因此人力资源管理实践和组织文化密不可分。Lawrence 和 Lorsch（1967）提出文化可以成为战略实施的推动力也可以成为障碍，这取决于文化是否与战略相一致。如果在公司里管理层与员工保持距离，那么工作中很多问题就会隐藏起来，如果在公司里变革被认为是不必要的，那么高参与实践或者人力资源的潜力就可能不被利用。因此组织文化对公司员工参与的类型设计和实现有着重要的影响。

（二）组织环境、战略和绩效现状

管理实践变革往往是应对外部环境变化而采取的管理对策。Osterman（1994）提出了组织采取高参与实践的主要原因包括国际市场竞争，高技能技术、强调服务质量、产品差异化或者产品质量（而不是成本）的战略等因素。Dunlop 和 Weil（1996）提出在服装业组织环境的变化影响组织采用高参与实践。Doug 和 Dexter（1991）认为组织需要发展不同的战略适应外部环境的动荡性变化，在这种情况下，高参与实践能够促进组织战略变革。Roche（1999）提出处于高度动态性环境中的组织倾向于采取参与型实践。Miller 和 Lee（2001）也提出在稳定环境下，产品、顾客或者技术的变革是相对缓慢或者可以预测的，因此较少复杂性决策使组织更少强调高参与实践。

不同的组织战略需要员工不同的能力，也需要不同的人力资源战略相匹配（Porter，1985）。人力资源管理领域研究中常常提到的组织战略包括成本、差异化和集聚战略。当组织竞争是基于产品或服务的质量或定制，往往需要高参与实践给予员工较多的灵活性和自主权以满足顾客需要（Piore & Sabel，1984）。如果组织竞争是基于成本，那么就不倾向于采取高参与战略。Arthur（1994）提出追求成本领先的组织倾向于控制型人力资源系统，差异化战略倾向于承诺型人力资源系统，需要高水平自由裁量权的战略与高参与实践相一致。Guthrie et al.（2002）在差异化竞争战略的组织中，高参与实践与绩效正相关。Batt（2000）以服务业企业为样本，当顾客需要高产品附加值时，企业通常采用高参与工作实践。Sanz-Valle et al.（1999）的研究也表明了当企业强调高附加值而成本不重要时，倾向于采取高参与实践。Camps和Luna-Arocas（2009）以183个西班牙企业作为样本验证了采取差异化组织战略的企业更易采用高参与工作实践。

组织绩效现状也会影响组织员工参与策略的选择。Huselid和Becker（1997）和Youndt et al.（1996）的研究表明越是盈利越多的组织越积极采用高参与实践，因为采取高参与工作实践需要支付很高的成本。但是Terpstra和Rozell（1993）提出不盈利的组织越需要采取高参与工作实践，他们认为应该是高参与工作实践导致盈利，而不是盈利导致高参与工作实践。Pil和MacDuffie（1995）和Dunlop和Weil（1996）检验企业过去绩效与决定追求创新工作实践之间的关系，研究表明组织在面临更多问题时候才会追求创新工作实践。改革的成本低于维持现状的成本，改革决策才容易实施，所以盈利能力较差的组织越容易采取柔性生产方式或者高参与实践。Wright et al.（1998）以大型石油化工企业为例，发现在过去三年具有较差资本收益率的组织会认识到有必要进行人力资本投入决策制定。而相反资本收益率较高的组织往往不会变革目前的工作实践。简而言之，低收益率的组织会积极采取工作实践变革，虽然采取变革意味着竞争优势会在短期内受到影响，但是维持现状和变革的差异并不是很大，因此倾向于采取变革措施。

（三）管理风格的影响

很多学者的研究表明了管理者特征对组织绩效（Moussa，2000）和组织结构（Hambrick & Mason，1984）的影响。Kochan，Katz和McKersie（1986）提出管理者的价值观是人力资源管理实践的重要决定因素。Osterman（1994）提出当高层管理者认为人力资源很重要的情况下，高参与实践才有可能被采用。管理者在管理实践中决定了是通过降低成本，还是通过客户导向或者关系管理来维护顾客的忠诚度。学者们尝试将管理者风格划分成不同类型，不同类型的管理风格采取不同的管理实践，进而带来不一样的管理结果。比如，专制型的领导往往采取控制型的管理实践，因此不可能导致员工承诺或者忠诚。Richardson和Vandenberg（2005）验证了变革型领导与积极的参与氛围显著正相关。

（四）已有研究的述评和不足

员工参与是组织有意的制度或组织方式，而组织员工参与制度或组织方式的制定是基于组织的各种情境因素（见表2.5）。学者们纷纷提出规模、年龄、行业、组织文化、竞争环境、竞争战略、现有危机、管理风格等因素对组织采取高参与实践的影响。就组织基本特征研究，组织规模影响的研究结论是不一致的，有的学者认为组织规模越大越有能力采取高参与实践，而也有学者认为组织规模越小越灵活，越有可能采取高参与实践。学者们观点的不一致源于他们对员工参与的界定不同，后者的观点可能更加强调领导者与员工之间非正式互动，而本书界定员工参与为组织正式的制度安排，因此，本书更加支持前者的观点，即员工参与更容易得到较大规模组织的支持。另外，组织年龄、行业、组织文化对员工参与影响的研究结论是一致的，组织发展历史较短、处于服务行业及管理者与员工平等的组织文化等，都有利于组织采取高参与实践。

就组织环境、竞争战略和绩效现状而言，组织环境和竞争战略影响的研究结论比较一致，处于高动态性环境中的组织和采用差异化竞争战略的组织更加倾向于采取高参与实践。但对于绩效现状影响，学者们提出不同的观点，有的学者认为高参与实践需要支付较大的成本，所以盈利越多的组织越积极采取高参与实践，也有学者认为面临较多问题的组织或者绩效差的组织才有动力采取高参与实践。在现实的组织管理实践中处于不确定环境下的组织采取高参与实践的可能性比较大，即当组织面临较多问题时，变革和维持的成本差异不大时，组织更倾向于采取高参与实践。

表2.5　组织情境因素对组织员工参与策略选择的影响

组织因素	员工参与实现的有利条件	代表学者
规模	规模大	McNabb 和 Whitfield（1999）
发展历史	成立时间短	Nelson 和 Winter（1982）
行业	服务业	Terpstra 和 Rozell（1993）
组织环境	动态环境	Roche（1999）
组织战略	差异化战略	Arthur（1994）
现状	问题多或者绩效差	Dunlop 和 Weil（1996）
领导风格	变革型领导	Richardson 和 Vandenberg（2005）

资料来源：作者整理。

五、员工参与的影响结果和作用机制研究

员工参与对结果产出的影响主要体现在组织和个体两个层面，在组织层面，已有研究主要探讨了员工参与对生产率、满意度、绩效等方面的影响。在个体层面，已有研究聚焦于员工参与对组织承诺、组织公民行为、工作绩效等方面的影响。

（一）员工参与的结果

员工参与对组织层次结果的影响主要体现在生产率、满意度和组织绩效等方面（Miller & Monge，1986；Wagner & Gooding，1987；Guthrie et al.，2002）。Locke 和 Schweiger（1979）回顾了已有的实验研究、相关现场研究、多变量现场研究和单变量（控制）现场研究，采用元分析方法表明员工参与并不总是正向预测生产率，由于其他变量（培训、报酬系统等）的影响，在多变量现场研究中员工参与对生产率几乎没有影响，因此，需要检验情境因素对员工参与有效性的影响。除此之外，Locke 和 Schweiger（1979）的研究发现，约60%的研究表明员工参与与满意度存在正向关系。Miller 和 Monge（1986）通过元分析方法结果表明参与对生产率和满意度有影响，且对满意度的影响要强于对生产率的影响。Wagner 和 Gooding（1987）通过元分析回

顾已有研究，结果表明员工参与对任务绩效、决策绩效、动机、满意度、可接受度等工作产出仅有中等程度的影响，规模、任务独立性、任务复杂性、绩效标准等情境变量的影响是不确定的。Mohr 和 Zoghi（2008）研究表明工作满意度能够积极影响员工参与，但员工参与不能产生较高的工作满意度。另外，也有学者认为员工参与对组织绩效的影响基于组织战略（差异化的组织战略和成本导向的组织战略）的影响，Guthrie et al.（2002）以新西兰的样本验证了采用高强度的高参与工作实践能够提高组织效能，但是这种有效性取决于公司所采用的竞争战略，在差异化的组织战略情况下，高参与工作实践导致较高组织的绩效，而在成本导向的组织战略情况下，两者之间没有显著关系。Arando et al.（2015）和 Pendleton 和 Robinson（2010）研究表明员工所有（员工持股）和参与决策制定（发言权）是互补关系。两者相对较高的组织产生较高的绩效，但是员工满意度低。

员工参与对个体层次结果的影响主要体现在员工态度（承诺、信任、心理授权、组织自尊等）、员工行为（组织公民行为、创新行为）及员工绩效等方面（Macy & Peterson，1983；Witt & Meyers，1992；Chen & Aryee，2007；Liu et al.，2012）。也有学者关注员工参与与员工福利、身体症状和情绪压力等的关系（Spector，1986）。Chen 和 Aryee（2007）研究认为授权通过组织自尊和感知内部人身份影响个体的组织承诺、任务绩效、创新行为和工作满意度。Liu et al.（2012）验证了参与式决策制定通过心理授权影响组织自尊、情感承诺和组织公民行为，而权力距离起到了调节作用。Rana（2015）探讨了高参与工作实践的四个要素（权力、信息、报酬、知识）与员工工作投入之间的关系。Searle et al.（2011）调查了600名专业工人和管理者，高参与工作实践和程序公平交互影响员工对组织可靠性感知，进而影响员工对组织的信任。Lee，Hong 和 Avgar（2015）采用378名病人看护作为样本，检验高参与工作实践对客户（病人）关系的影响，研究结果表明高参与工作实践通过减低任务冲突和关系冲突，进而积极影响员工与病人和家庭的关系。

　　学者们也关注到员工参与对组织层次和个体层次的负面影响。Hansmann
（1996）提出员工参与成本是非常昂贵的：包括没有经验和资质的员工参与
决策制定、决策的延误、过分关注投诉和抱怨、调和竞争性员工的利益。
Pendleton 和 Robinson（2010）认为如果存在员工持股计划，这些成本会进一
步扩大。Thompson 和 McHugh（1990）认为员工参与增加工作责任，质量圈
或者团队工作等参与实践增加了同事的监管（Delbridge，Turnbull & Wilkin-
son，1992；Sewell & Wilkinson，1992；Garrahan & Stewart，1992），所以导致
工作满意度下降。Lanaj et al.（2013）通过研究发现在多团队的组织当中，分
权计划的负向作用源于过度的风险寻求和协调失败。Glew et al.（1995）提出
参与项目在本质上会增加员工的工作负荷，同时也会导致工作关系的调整，
进而对工作产出带来不利的影响。Chisholm 和 Vansina（1993）发现员工参与
决策的制定意味着员工要偏离其他的同事。也有学者认为尽管员工参与能够
带来内在激励，但由于对员工的要求更高，可能提高员工的压力，因而也可
能带来负面影响，使员工感到力不从心的挫败（Ben-Ner & Jones，1995）。
Shih et al.（2011）以 174 名在中国的台湾外派人员为样本，证明了高参与工
作系统与满意度和绩效之间的正向关系，但是同时也发现高参与系统也与外
派人员的工作家庭冲突正相关，进而负向影响满意度和绩效，所以研究证明
高参与工作实践对员工的工作生活具有多重的影响，并不总能带来积极的结
果。Harley（2002）指出多数人认为高参与工作实践之所以有效是因为它能
够提高工作态度，但同时高参与工作实践导致员工工作强度增大，进而对员
工个体产生不利的影响。

（二）员工参与的作用机制

　　员工参与对组织层次和个体层次作用结果的研究结论尚存在着争议，需
要深入厘清员工参与对工作结果的作用机制。员工参与在组织层面的影响主
要是基于人力资本理论和资源基础理论。人力资本理论认为人所具备的知
识、技能和素质等存量总和是组织发展的动力，资源基础理论认为组织人力

资本具有稀缺、有价值、不可模仿与不可替代等特点，是组织获取和保持竞争优势的主要来源。在人力资本理论和资源基础观理论视角下，智力资本、人力资本专有性、人力资源柔性、适应能力等因素成为员工参与对组织绩效影响的中间机制（Youndt & Snell，2004；Beltran-Martin，2008；程德俊和赵曙明，2006；Wei & Lau，2010）。

员工参与对员工个体层次的影响主要基于社会交换理论，参与决策、工作自主性、内部晋升等员工参与实践意味着组织对员工的重视和信任，员工基于回报的意愿表现出积极的工作态度和行为。学者们普遍认为员工参与通过认知、情绪（动机）等路径影响工作产出。Miles（1975）提出人力资源模型（Human Resource Theory），该模型认为员工拥有有价值的能力对组织做出贡献，而员工参与提供了这样一种载体，这种载体鼓励组织充分利用员工的能力进而提高生产率。Locke 和 Schweiger（1979）区分了参与对认知的影响（更多向上沟通、更多对工作的理解）和对情绪的影响（增加信任、自我参与、群体压力），并指出很多学者关注员工参与对情绪的影响（士气和承诺带来生产率的提高），而他们认为认知的变化才是生产率提升的主要原因。Miller 和 Monge（1986）采用认知模型、情绪模型和权变模型三种解释机制剖析员工参与对生产率和工作满意度的作用。认知模型（Cognitive Models）认为参与能够提供高质量的工作决策信息及增加实施的知识，参与对个体生产率的有效性依赖于个体的专业知识；参与和工作满意度没有直接关系，如果要提高工作满意度和生产率，仅仅依赖参与氛围是不足够的。情绪模型（Affective Models）认为参与满足员工的高层次需要进而增加了满意度，情绪模型认为参与氛围对于提高生产率是足够的，具备特殊能力参与决策制定不是必须的；参与和生产率之间没有直接的关系，需要通过满足员工需要增加员工的情绪动机，参与能够显著提高员工的工作满意度。权变模型（Contingency Models）认为参与对满意度和生产率的影响基于不同的人和情境，需要考虑个体特征、决策环境、上下级关系、工作层次等因素，对独立性和个性等低权威主义需求比较大的员工往往受参与的积极性影响比较大，重视参与的员工往往是比较高层级员工、科研工作或者服务性企业。Sagie 和 Koslowsky（2000）认为员工参与会通过员工对决策的接受程度与决策质量影响工作产出，影响机制是通过三个不同路径发挥作用，基于人际关系的激励路径能够提高员工对决策的接受度；基于人力资源的认知路径，帮助提高决策的质量；员工参与也会带来个人控制、冲突和权力斗争、破坏性的沟通、社会负担、责任扩散、难以协调等负面影响。

也有学者从其他理论视角探讨员工参与对工作产出的影响机制。Schuler（1980），Lee 和 Schuler（1982）尝试从期望理论和角色理论解释员工参与，他们认为员工参与首先可以降低角色冲突和角色模糊，更多的员工参与意味着角色更加清晰和角色冲突的降低。另外，员工参与增加员工对绩效和潜在收益的期望，越多的参与员工越能知道哪些行为带来收益哪些行为不会带来收益。最后，角色冲突和角色模糊的降低和增加绩效收益的期望会导致更高的工作满意度和上级主管满意度。Smith 和 Brannick（1990）也支持这一模型。

Appelbaum et al.（2000）对前人研究进行归纳整合，提出高绩效工作系统的"AMO"模型，认为高绩效工作系统的有效性（员工绩效）依赖于员工能力（Ability）、员工动机（Motivation）及员工工作机会（Opportunity）的改善。Kehoe 和 Wright（2010）认为虽然学者们在高绩效人力资源系统包含哪些人力资源实践的认识上存在差异，但是这些实践的共性在于都聚焦在提高员工的能力、动机和机会方面（Combs et al.，2006），以使员工行为与组织的目标相一致。

（三）已有研究的述评和不足

员工参与的结果产出体现在组织和员工个体两个层面。在组织层面，员工参与对生产率、满意度和组织绩效影响的研究结论是不一致的，有研究表明员工参与的影响更多体现在工作满意度上，而不总是正向预测生产率；也有研究表明员工参与并不能产生较高的工作满意度，有研究验证了员工参与对任务绩效和决策绩效具有中等程度影响，也有学者提出员工参与对组织绩效的影响程度取决于组织战略。员工参与对员工个体层次的影响也体现在积极和消极两个方面，积极方面的研究主要是基于员工参与对认知和情绪的影响，认为员工参与能够提升组织自尊、内部身份人感知、心理授权等，进而积极影响员工的态度、行为和绩效结果。但是有研究提出员工参与会带来工作负荷、工作强度、工作家庭冲突和同事监管等负面的影响。

学者们关于员工参与对组织层次和个体层次结果的影响没有形成一致性的结论。原因在于：第一，已有员工参与研究基于不同的理论和研究视角，对员工参与概念的界定存在很大的分歧，可能导致研究结论的不一致。第二，通过员工参与影响因素的分析和探讨，可知员工参与对结果的影响依赖于组织特征、领导风格等多种情境因素，情境因素对员工参与有效性会产生调节作用。从研究历程和研究视角上来看，早期劳动关系视角的员工参与有效性研究主要关注产业和平和提高生产率，个体层次的研究相对较少；现代人力资源管理视角的员工参与研究在组织层次和个体层次都积累了丰富的文献。

已有研究的不足之处在于：第一，已有员工参与对结果产出的影响机制研究大多基于人力资源管理的单一视角，很少有研究融合劳动关系和人力资源管理的双重视角，探讨员工参与对结果产出的影响机制。第二，已有研究中员工参与在个体层次的产出主要集中在组织承诺、组织公民行为和工作绩效等方面，而对创新行为这一结果产出的研究相对不足，对"员工参与—创新行为"过程机制的探讨也就更少。第三，已有研究中员工参与对员工态度、行为和绩效影响大多基于社会交换理论，该理论对于解释员工创新行为等角色外行为方面略显乏力。

表2.6　员工参与的结果

研究层次	组织层	个体层
早期（劳动关系视角）	生产率、满意度等（Locke & Schweiger (1979)；Miller & Monge，1986；Wagner & Gooding，1987；Arthur，1994）	员工福利、身体症状、情绪压力、角色压力等（Spector，1986）
现代（人力资源管理视角）	组织绩效、组织创新绩效、财务绩效、离职率等（Guthrie et al.，2002；程德俊和赵曙明，2006）	组织承诺、工作满意度、创新行为、组织公民行为、工作绩效、员工对组织信任等（Chen & Aryee，2007；Liu et al.，2012；Searle et al.，2011）

资料来源：作者整理。

六、员工参与系统的研究

（一）员工参与系统的研究

在国外文献中员工参与系统的研究主要有Dachler和Wilpert（1978）的员工参与系统框架（见图2.2）、Macy，Peterson和Norton（1989）的员工参与理论模型及Glew et al.（1995）的参与过程框架。

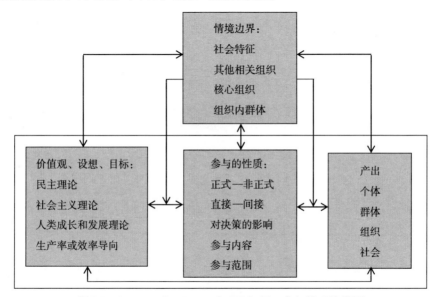

图2.2　Dachler和Wilpert（1978）员工参与的系统模型

1. 员工参与的系统模型

Dachler和Wilpert（1978）认为参与的主题广泛涉及个体动机和能力、领导风格、团队动态过程、组织因素和社会政治结构等要素，因此需要一个统一的框架将微观和宏观及各学科的范式进行整合。他们提出员工参与过程的四个基本方面：执行者的价值观、设想和目标；员工参与的性质；情境边界和结果。其中执行者的价值观、设想和目标包括民主、社会主义、人类成长和发展、生产率或效率四种主要理论导向。民主和社会主义理论导向认为参与是一种普遍的社会现象，因此参与受制于也影响着社会、组织和个体；人类成长和发展、生产率或效率导向聚焦于个体和组织内的问题，通过管理技术设计解决组织当中存在的问题。

2.员工参与的理论模型

Macy，Peterson 和 Norton（1989）认为参与式管理根植于民主主义、社会主义和人文主义三种理论。民主主义强调所有个体在社会和组织决策中平等的参与；社会主义强调通过工人委员会的形式来实现工人控制；人文主义理论强调先进的管理技术（满足员工的基本需求）提高管理者的利益。他们提出员工参与的理论模型，具体包含假设/目标、外部环境、参与计划性质及产出（组织、个体和社会）四个部分。

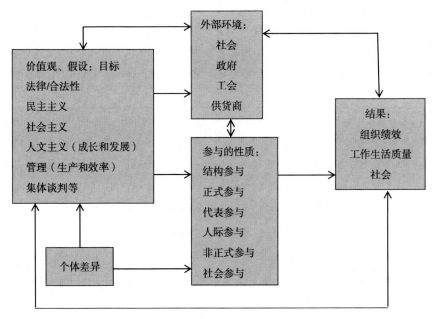

图2.3　Macy，Peterson 和 Norton（1989）员工参与的理论模型

3.员工参与的过程模型

Glew et al.（1995）认为员工参与的起点是管理者或者组织预期参与将带来收益，比如绩效、士气、激励、质量或者组织效率和竞争力；然后高层管理者决定并设计员工参与项目，比如员工参与决策、工作团队、授权、个体工作变动及其他形式的权力和影响力模式的变化；这些参与项目在实施过程

中会受到组织因素（组织文化、技术、发展历史、运营体系等）和个体因素（能力、意愿、态度、个性特征等）的影响，导致实际的员工参与项目可能不同于管理者最初的设计；实际的员工参与项目带来组织水平（绩效、效率、竞争力等）和个体水平（绩效、满意度、压力、承诺等）的结果，而这一过程组织因素和个体因素也会产生影响。

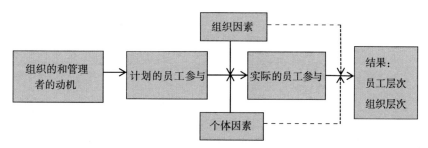

图2.4　Glew et al.（1995）员工参与的过程模型

（二）已有研究的述评和不足

通过员工参与概念模型、理论模型和过程模型的分析，发现员工参与体系包含几个基本要素：员工参与的动因或目标、员工参与本身、情境因素和结果。在国内外文献中关于员工参与的性质、内容和过程等研究比较多，对员工参与结果、作用机制和情境边界的研究也积累了丰富的文献。但是员工参与动因的研究相对较少，也少有文献关注员工参与动因和员工参与有效性的关系。

从本质上来看，员工参与的动因决定了员工参与的最终目标，也是员工参与有效性的衡量标准。不同的动因（理论导向）决定了员工参与需要解决的不同问题，体现了员工参与安排的不同意义、形式和社会功能。而现实中的员工参与也是基于不同动因的参与类型的组合。因此，探讨员工参与有效性的同时，忽略员工参与动因是不符合逻辑的，其研究结论也缺乏相应的说服力。

第二节　创新行为的文献回顾和述评

基于经济增速放缓、企业竞争不断加剧的现实环境，激发员工创新行为已然成为国家和企业突破困境实现可持续发展的法宝，而员工参与为创新行为提供了机会和可能性。因此本研究将员工参与的结果变量锁定为员工创新行为。

一、创新与创新行为

创新是推动经济社会发展的源泉和根本动力。因此，创新一直以来也是学者们关注的重要主题。学者们普遍认为创新对组织有效性和组织长期发展有显著的积极影响（Amabile，1988；Kanter，1988；Mumford，2000；Woodman，Sawyer & Griffin，1993）。

（一）创造力和创新的区别

创造力（Creactivity）和创新（Innovation）在早期研究中经常被交替运用于文献中（West & Farr，1990）。美国心理学家Guilford（1950）首次对创造力的概念进行讨论，认为创造力是指产生新思想、发现和创造新事物的能力。20世纪80年代后，在社会心理学领域得到广泛的关注和应用。美国经济学家熊彼特（1912）在其经典巨著《经济发展理论》中首次提出"创新"一词，强调创新在经济学上的意义，认为创新就是建立一种新的生产函数，组织或个体对生产要素进行重新组合，其目的在于获取潜在的经济利润。美国管理学家德鲁克（1985）提出，创新除了包括技术创新以外，还应该包括社会创新，比如，创造一种新的管理机构、方式或手段，使得资源配置获得更高的经济价值与社会价值。自此以后，创新成为经济学、社会学、管理学等领域的重要研究主题。

国外的很多学者认为创造力和创新是无差别的，都是新产品或服务、新系统或者新技术产生和发展的必要前提。在《美国管理学会评论》的关键词索引中，创造力和创新也是混淆使用的（Ford，1996）。但是目前大多数学者们比较一致地认为创造力和创新既有区别也有联系，创造力一般是指与产品、服务或流程相关的新颖的或有用的想法的产生（Amabile，1988）。创新是指提出并将新想法付诸实践行动（Maumford & Gustafson，1988），也就是说，创新不仅包括创新的构想或解决方案本身，还包括成功实施这些创新的构想和解决方案。因此，创造力是创新的起点，拥有创造力不一定可以达到创新，成功的创新不仅源于组织内员工的创造力，也需要组织其他资源的注入，创造力仅仅是创新的一个构面（Kleysen & Street，2001）。

（二）创新行为的内涵

对创新概念的研究可以分为个体层面和组织层面。组织层次的创新是由组织中的创新决策、创新投入及创新产出（产品创新、过程创新、管理创新等）等一系列创新要素所构成的创新整体。组织层次的创新研究关注的是能够激发组织创新的社会与组织因素，具体包括组织架构、组织领导方式和控制方式、组织内部沟通、组织文化等。而在组织创新的过程中，员工个体行为的作用是不可忽视的关键因素，无论是创新环境、创新的领导方式等都必须通过个体在组织中的创新行为才能发挥作用，所以无论哪种创新结果，基础都来自个体的创新行为。Woodman et al.（1993）提出个体层面的创新延伸到团队层面，最终延伸到组织层面。由此可见，个人创新行为对于组织创新有着至关重要的作用。本书将从微观层面探讨企业员工个体的创新行为。

员工创新行为是组织创新的基础，也是个体创造力在组织中的具体体现。员工创新行为一般是指超出角色期望的员工自发活动（Katz，1964；Katz & Kahn，1978；Organ，1988）。Kanter（1988）认为个体创新行为有三个阶段：首先是问题识别及创新思想或解决方法的形成；然后是创新个体寻求新想法的支持并构建支持联盟；最后个体建立创新模型或范例实现思想。Scott 和 Bruce（1994）的研究提出个人创新行为是一个问题的确认、创意的产生、寻求支持并将其创意"产品化"的过程。Zhou 和 George（2001）认为为了确保创新的想法能够被有效的执行，员工创新行为不应该单指创新想法的本身，还应该包括创新构想的推广和发展执行。Yuan 和 Woodman（2010）将创新行为定义为复杂的行为组合，包括新思想的产生和引入（由自己或者源自他人）、实现或者履行新思想。

虽然不同学者对员工创新行为的定义不同，但是也能够从中发现这些定义的共同特征。员工创新行为首先强调新颖性，一般是指新想法、新创意或新思想等。其次强调过程性，员工创新行为是指创新想法产生并得以实现的一系列过程，更多体现为超出角色期望的行为。另外，员工创新行为也强调有效性，在实现员工个体利益的同时也能提升团队或组织绩效。本书借鉴 Kleysen 和 Street（2001）的观点，认为员工创新行为是员工将有益的创新予以产生、导入及应用于组织任何一个层面的所有个人行动。

（三）创新行为的维度和测量

员工创新行为是由多阶段行为构成的过程，学者们对创新行为的维度进行划分。

1.两维度的观点

Zhou 和 George（2001）认为创新想法产生后，如何将创新想法付诸实践也是创新行为的重要组成部分，因此他们认为个体创新行为由创新构想的产生和创新构想的推广与发展两个阶段构成。West（2002）也认为员工创新行为分为创造性构想和创造性构想的实施两个阶段。King 和 Anderson（2002）认为创新想法的产生是一个发散的过程，包括识别机会、产生想法等具体活动，而创新想法的实施是一个收敛的过程，目的是实践创新想法以获得收益，两个阶段的分界点是实施创新想法的决策。

在员工创新行为两个维度的测量工具方面，Zhou 和 George（2001）开发的量表应用比较广泛。该量表包含了诸如"我时常能针对问题提出新的解决办法""我会提供适当的计划及规划来落实新想法"等 13 个测量题项。

2. 三维度的观点

Scott 和 Bruce（1994）认为个体创新行为包括创新想法或解决方案、为创新想法寻找支持和创新想法实现三个阶段。Kanter（1988）和 Janssen（2005）的研究也支持这一观点。

在员工创新行为三个维度的测量工具方面。Janssen（2005）和 Scott 和 Bruce（1994）开发的量表应用范围比较广泛。Janssen（2005）的量表包含了诸如"想出新方法来解决工作中的难题""为想法的实施寻求支持""把新的想法应用到实际工作中"等9个题项。Scott 和 Bruce（1994）的量表包含了"经常提出有创意的点子和想法""为了实现新想法，想办法争取所需资源"等6个题项。研究者在运用两个量表进行实证研究的过程中，发现量表的三维度之间具有高度的相关性，因此很多学者提出将创新想法的产生、支持和实现整合成一个维度，形成单维度的量表。

3. 五维度的观点

Kleysen 和 Street（2001）在前人研究的基础上，通过对28篇文献中提及的289项创新行为进行筛选和提炼，将创新行为划分为五个维度：寻找和探索机会（Opportunity Exploration）、产生构想（Generativity）、评估构想（Formative Investigation）、支持（Championing）和应用（Application）。其中，寻找和探索机会是指广泛地探寻更多创新的机会，包含关注机会来源、寻找机会、辨别机会、搜集机会资料等四种基本行为；产生构想是指针对机会产生的构想或解决方法，包含产生对机会的想法和解决方案、产生对机会的表述和分类、产生想法和信息之间的联系三种基本行为；评估构想是指系统地阐述构想或解决方法及试验评估，包含将想法和解决方案格式化、对想法和解决方案进行测试、评估想法和解决方案三个方面；支持是指调动各种资源说服和影响他人，包含调动资源、劝说和影响、推动与妥协、挑战和冒险四个主要方面；应用分别包含执行、修正、常规化三个方面。在此基础之上，Kleysen 和 Street（2001）开发了五个维度、14个题项的测量量表，但是通过实证研究，该量表的结构效度并不理想。

综上所述，对于员工创新行为的结构维度和测量，学者们表达了不同的观点。但大多数学者对员工创新行为过程的认识是比较一致的，都认为创新行为是一个创新构想产生到执行和应用的过程。从目前国内相关实证研究的文献来看，Scott 和 Bruce（1994）开发的量表得到广泛的认可，杨付和张丽华（2012）、刘云和石金涛（2009）等国内学者均翻译该量表并应用于创新行为的研究之中。本书也采用 Scott 和 Bruce（1994）的观点和量表。

二、创新行为的影响因素研究

个体创新行为前因的研究经历了一个由内向外、逐步完善的过程。早期的心理学领域研究主要关注个体特质对创新行为的影响，探讨具备什么特征的个体更加具有创造力以及怎样发现或培养个体的创新精神等；后来，组织行为领域研究开始关注组织层面和工作层面的环境因素对促进员工创新行为的影响。也有学者从个人和环境交互的视角探究其对于创新行为的作用（Woodman et al.，1993；Oldham & Cummings，1996；George & Zhou，2007）。通过对已有研究成果的回顾和梳理，归纳员工创新行为的影响因素主要包括个体因素、组织因素和工作因素三个基本方面。

（一）个体因素

个体因素对创新行为的影响主要体现在个体拥有的能力和特质、认知特征、动机和态度等方面。

在能力和特质方面，Amabile（1988）提出知识、专业技能、天资等共同构成了个体创造力的必要条件，它们对创新构想的产生起着积极的推动作用。Shalley（1991）认为员工创造力的前提条件是个体抽象思维能力和认知能力。Stein（1989）研究表明记忆力与创造力之间关系是不确定的，过去的经验和知识背景既可能推动创新，也可能成为创新力发挥的阻力。Heinzen，Mills 和 Cameron（1993）研究表明决定创造性的主要特质因素是好奇心与持续的兴趣。Seibert，Kraimer 和 Crant（2001）等人认为主动性人格对创新行为有预测作用。Feist（1999）通过研究发现内倾性人格有利于创造性（Creactivity），而外倾性人格有利于创新（Innovation）。

在认知因素方面，Scott 和 Bruce（1994）认为不同的个体倾向于采用不同的问题解决风格，系统化问题解决风格的个体通常依据已有的方法与流程行事，提出的往往是传统性的问题解决方案；而直觉化问题解决风格的个体往往运用想象力与直觉行事，因此常常会产生新颖的解决问题的方法。

在动机和态度方面，Amabile（1993，1996）探讨了内部动机、外部动机与员工创新行为之间的关系，认为内在动机和增益性外部动机均与创新行为有显著的正向相关性，内在动机主要在创新构想的产生阶段发挥积极的影响，而增益性外部动机的积极影响主要发生在创新构想的实施阶段。曾湘和周禹（2008）提出外在报酬与创新行为之间存在"倒 U"形关系，内在激励对创新行为具有显著的正向影响，而外在报酬与内在激励对促进员工的创新行为有着显著的互补性交互效应。另外，也有一些研究验证了组织承诺（Gruen，Summers & Acito，2000）、自我效能感（陆昌勤，凌文栓和方俐洛，2006）、组织认同（王艳子和罗瑾链，2010；谭道伦，2013）等态度对创新行为的正向促进作用。

（二）组织因素

员工创新行为除了受个体的个性特质和内在动机等影响以外，还取决于外部环境的刺激（Oldham & Cummings，1996；Shalley，1991；Zhou & Oldham，2004）。

组织战略、组织氛围、组织支持等均对创新行为产生影响（Woodman，1993；Amabile，1996）。Kemp et al.（2003）研究表明组织战略上对创新的关注、差异化竞争战略对员工创新行为都有积极的影响。Ramamoorthy et al.（2005）等人认为组织薪酬、晋升公平性及相关制度程序的公平性对创新行为有显著的正向影响作用。Halpin 和 Croft（1963）认为员工在工作中会受到组织氛围的影响，员工对组织氛围的感知对创新行为产生有着重要的作用。

刘云和石金涛（2009）研究表明组织创新氛围对员工的创新行为有显著的影响。顾远东、周文莉和彭纪生（2014）研究表明组织支持感及其各维度对研发人员创新行为有显著正向影响，其中主管支持的影响力最强。李颖，王振华和王卫征（2009）验证了支持性人力资源实践通过自我效能感正向影响创新行为。

领导方式或领导风格对员工创新行为有着重要的影响作用（Scott & Bruce，1994；Zhang & Bartol，2010）。Gagnon 和 Michael（2004）认为主管作为组织或制度的代理人，他们的支持会对员工的工作态度及行为产生显著影响。Janssen（2005）提出员工感知工作影响力和上级支持交互影响员工创新行为，研究结果也表明当员工感知上级支持时，他们会备受鼓舞进而利用其工作影响力积极开展创新行为。Scott 和 Bruce（1994）提出良好的上下级关系能够给予下属更多的自主权，而这也正是创新行为产生的必要条件。George 和 Zhou（2007）认为协作型、参与型和问题解决型领导有利于促进员工创新行为的产生。Deci et al.（1975）认为参与式管理能够提高员工创新绩效，而严密控制或限制的管理模式会降低员工创新绩效。Oldham 和 Cummings（1996）研究也表明领导采取一种支持性和非控制的管理模式会促进员工创造力的提高。也有学者关注变革型领导对员工创新行为的积极影响，认为变革型领导鼓励新思想或新观点，打破常规思维，强调信息沟通和信息分享，鼓励共同学习和成长的氛围，因此有利于促进创新行为的产生（Mumford et al.，2002；Kuenzi & Schminke，2009）。

（三）工作因素

工作因素对创新行为的影响主要体现在工作的自主性、工作要求、工作压力等方面（Amabile，1988，1996；王先辉等，2010）。Amabile（1988，1996）认为工作情境会对员工创新行为影响的机制是员工的动机状态，动机在工作情境与创造性行为之间起到了中介作用。James 和 Cropanzano（1999）提出自主控制的感知显著影响个体创造力。Shalley，Gilson 和 Blum（2009）

也认为工作自主性能够激发员工的内部动机，进而促进员工创新行为的产生。Janssen（2000）认为工作要求与员工创新绩效呈"倒U"形关系，即中等强度的工作要求水平带来较高的创新绩效。Huhtala和Parzefall（2007）认为工作要求对创新行为的影响还取决于员工所获得的组织资源，如果工作要求过高，而所获得资源相对较少，员工就会产生工作倦怠，进而不利于创新行为的产生。Amabile（1996）认为过大的时间压力及工作负荷都会阻碍员工创新行为，但Shalley，Gilson和Blum（2009）也提出适当的压力不仅不会抑制员工创新行为，反而会激发员工的内在创新动机。

三、已有研究的述评

本书首先对创新行为的内涵、维度和测量等相关文献进行了回顾和梳理。早期研究中创造力（Creactivity）和创新（Innovation）被视作同义词，因此经常交替应用于各项研究当中，但目前学者们比较统一地认为创造力是创新的一个构面。创造力强调新颖的或有用的想法的产生，而创新是一个包括创新想法产生、寻求支持和付诸实践等多个阶段的过程。学者们也按照创新过程的多个阶段对创新行为进行了维度的划分和测量工具的开发，两阶段（创新想法的产生、创新想法的实施）或者三阶段（创新想法的产生、寻求支持、创新想法的应用和实践）维度划分和测量在国内外都得到了广泛的认可和应用。

本书对创新行为影响因素的相关文献进行了归纳和整理。从已有的文献来看，员工创新行为研究表现出了多学科的研究特征，心理学领域偏重于个体因素的研究，探讨员工的能力、个性特质、态度、动机等因素对员工创新行为的影响。管理学领域偏重于组织因素和工作因素的研究，探讨组织特征（组织战略、组织文化等）、管理方式或领导风格、工作特征等方面对组织创新和员工创新行为的影响。从本质上看，员工创新行为在心理学领域和管理学领域的研究并不是割裂开的，组织因素或工作因素需要引起员工动机、态度的变化，才能对员工创新行为产生影响，且影响过程也会受到员工能力、个性特质等因素的影响。

已有研究的不足之处在于：第一，已有研究大多关注干预措施对员工创新动机或者创造性构想的影响，少有研究关注创新机会和可能性对员工创新行为的影响，因此，需要广泛寻找和深入探讨哪些因素对创新机会和可能性产生影响；第二，已有研究在组织因素（包括领导者因素）对员工创新行为影响方面积累了较为丰富的文献，但对工作因素及工作因素与其他因素共同作用对创新行为影响的研究相对较少，且缺少对组织、工作和领导者因素综合作用影响员工创新行为的研究。

第三节　工作疏离感的文献回顾和述评

缺乏主体地位使员工创新行为难以实现和持续，民主导向的员工参与强调提升员工主体地位，因此，员工主体地位中介员工参与与创新行为之间的关系。提升员工主体地位可以降低员工的无力感、无意义感和自我疏离感（工作疏离感的三个维度），因此本研究将工作疏离感作为员工主体地位的代理变量展开实证研究。本节将对工作疏离感的相关文献进行回顾和评述。

一、工作疏离感的内涵和起源

Marx（1844/1963）的经典巨著《经济哲学手稿》中创造了疏离这一概念，将其界定为劳动者与制造的产品、进行的生产过程及生产和消费产品的其他人之间的分离。后来有研究者将疏离的思想扩展到了社会学、社会心理学及管理学领域。Geyer（1992）从社会学的视角提出疏离是一个主体或一个群体认为自己与环境之间产生被迫参与或被迫从事非期望行为的主观心态，这一概念经常被用于解释种族偏见、阶级意识、劳资冲突等问题。心理学领域大多把"Alienation"翻译成"疏离感"，主要指社会成员心理上的无力、冷漠感、疏远等，强调的是个体主观上的心理感受和体验。管理学研究者关注的是组织员工与工作之间的疏离，因此翻译成"工作疏离感"，工作疏离感是一种消极的心理状态，能够预测员工消极的工作行为。Delbridge 和 Kee-noy（2010）认为现代人力资源管理研究忽视了劳动关系的广泛的哲学基础，应该将工人疏离作为人力资源管理研究的一个焦点。

工作疏离感的产生主要有以下三种解释理论：第一，环境决定论，即疏离感是环境的函数，强调环境影响个体的心理感受和认知进而产生疏离感。这一理论与马克思最早提出的疏离概念是一致的，目的是解释工人由于在工作环境中被剥削，进而产生苦闷的心理感知。第二，特质论，即疏离感是个体本身所具有的一种特质，是个体自发产生的，与所处环境无关。Davids（1955）将基于这种解释理论将疏离感分为自我中心、不信任、悲观、焦虑及怨恨五种心理倾向，而这些心理倾向只是个体内心的一种心理感应，不具有完全的社会意义和管理意义，因此仅仅用于心理学的研究当中。第三，交互作用论，即疏离感不是一种人格特质，也不仅仅只受环境的影响，疏离感是由外部环境和个体本身特质共同决定的，环境和个体特质交互作用促使疏离感的产生，这一解释理论得到了学者们的广泛认可。

学者们对工作疏离感概念的界定，主要分为两大方面：第一个方面是关注疏离感的本质和原因，Seeman（1975）认为工作疏离感是由于工作内和工作外的自我与社会关系之间的隔离而产生的一种心理隔离状态。JesúsSuarez-Mendoza 和 Zoghbi-Manrique-de-Lara（2008）认为工作疏离感反映的是员工的需要无法从工作中得到满足，主要源于客观的工作情境与员工的价值观、理想、爱好之间的差距。第二个方面侧重于工作疏离感产生之后员工的行为表现，如 Moch（1980）认为工作疏离感反映的是员工的态度和行为，指员工很少关心工作，将很少的精力放到工作上，工作也仅仅是为了获取外在报酬的手段和工具。目前学者们普遍认同第一个方面从工作疏离感本质上进行描述的定义，Banai，Reisel 和 Probst（2004）在已有研究基础上，将工作疏离感定义为工作情境不能满足员工的需要或与期望不符导致的员工与工作分隔的心理状态。

二、工作疏离感的结构和测量

学者们从不同方面对工作疏离感的内涵进行扩展，形成了工作疏离感的多个维度。Seeman（1959）从心理学视角提出工作疏离感的五个要素：无力感（Powerlessness），是指由于内部或外部的诸多限制，员工感到不能有效自行控制工作的过程和结果，对未来的工作发展缺乏控制力；无意义感（Meaninglessness）是指员工仅需要完成工作整体的一部分，不能从总体上把握工作的全部，因此感觉缺乏工作价值和工作意义；无规范感（Norm-lessness）是指员工感觉组织内没有清晰明确的规则，用以指导员工完成工作和实现个人目标；自我疏离感（Self-Estrangement）指员工将工作仅仅看做是谋生的手段，用于满足其外部需求，而不能满足其内部需求，致使员工不能发挥其潜能；社会隔离感（Social Isolation）是指员工不能有效的融入到周围群体之中，感觉很难与其他员工建立良好的关系，进而产生的人际孤独感。Dean（1961）提出工作疏离感包含三个维度，即无力感、无规范感和社会孤立感。Maddi（1979）发展了综合测量工作疏离感的量表，包含无力感、无意义感、空虚感和冒险激进四个维度；Hirschfeld 和 Field（2000）在此基础上认为工作疏离感包括无力感、无意义感和空虚感三个因素。Mottaz（1981）开发的工作疏离感量表也包括三个维度：无力感、无意义感及自我疏离感。

虽然工作疏离感多维度的研究积累了丰富的文献，但也有学者们倾向于不再采用多维度的方式来探讨工作疏离感，而是采用整体性的概念和定义。Nair 和 Vohra（2010）将工作疏离感看作一个单维度的概念，工作疏离感中最核心的概念是疏远或者分离。Dipietro 和 Pizam（2008）同样采用工作疏离感单维度的概念，他们认为单维度概念更加简洁明了。

三、工作疏离感的影响因素研究

对工作疏离感影响因素的研究主要集中于组织公平、工作特征和领导风格等三个方面。Ceylan 和 Sulu（2010）以土耳其医院的健康护理专业人员为样本分析组织不公平对工作疏离感的影响，研究结果表明组织不公平的四个维度（分配不公平、程序不公平、人际不公平、信息不公平）分别对工作疏离感具有显著的正向影响。Berger et al.（2008）提出工作特征会限制员工决策参与的程度及员工掌握并使用多样化技能的程度，从而导致工作疏离感的产生。Nair 和 Vohra（2010）提出工作疏离感最主要的预测因子就是工作特征。Banai，Reisel 和 Probst（2004）研究表明工作特征中的工作自主性、工作多样性、工作意义性或任务重要性、工作反馈性、自我表达等因素与工作疏离感之间有着显著的负向相关关系。Banai 和 Reisel（2003）研究发现积极的领导行为和工作设计（工作特征模型）对降低员工的工作疏离感具有积极的作用。Sarros et al.（2002）研究表明变革型领导风格显著负向影响工作疏离感；而交易型领导风格对工作疏离感具有显著的正向影响。Banai，Reisel 和 Probst（2007）验证了支持型领导对员工的工作疏离感的显著负向影响。国内学者任晗，许亚玲和陈维政（2014）探讨了辱虐管理行为对"80前"和"80后"员工工作疏离感的影响作用。研究结果表明辱虐管理对员工工作疏离感及其三个维度（无力感、孤立感和压抑感）均具有显著的正向影响。龙立荣等（2014）探讨了家长式领导的三个维度，即仁慈领导、德行领导与威权领导对员工工作疏离感的影响及其作用机制，研究结果表明仁慈领导显著负向影响员工工作疏离感，而德行领导对员工工作疏离感的影响不显著，威权领导显著正向影响员工工作疏离感。

四、工作疏离感的影响结果研究

工作疏离感的影响结果主要体现在员工态度、行为和绩效方面。Efraty-Sirgy 和 Claiborne（1991）验证了工作疏离感通过影响相对剥夺感、工作满意度、工作卷入度，进而对组织认同产生负向影响。Mulki（2008）则认为工作疏离感较高的员工会将自己与工作环境分隔开，并减少工作中的社会互动从而导致对工作和组织的低承诺。Hirschfeld，Field 和 Bedeian（2000）的研究验证了工作疏离感对于工作卷入度、组织承诺、职业承诺、整体工作满意度均有显著的解释力。JesúsSuarez-Mendoza 和 Zoghbi-Manrique-de-Lara（2007）研究表明工作疏离感对组织公民行为具有显著的负向影响，且工作疏离感在个人—组织匹配和组织公民行为关系间具有部分中介作用。Cummings 和 Manring（1977）研究表明工作疏离感与工作努力程度、工作绩效均呈负相关关系。孙秀明和孙遇春（2015）探讨工作疏离感对工作绩效各个维度的影响，研究结果表明工作疏离感对任务绩效和人际促进的负向影响不显著，但是对工作奉献具有显著的负向影响。

五、已有研究的评述

通过已有相关文献的回顾和梳理，可知工作疏离感的思想最早源于劳动者与产品、产品生产过程以及生产和消费产品的其他人之间的分离，管理学领域将其界定为员工与工作之间的疏离，体现为"工作不是我的"心理感知，是一种消极的心理状态，它能够预测员工在工作场所中的行为。尽管已有研究对工作疏离感的结构维度存在诸多分歧，但无力感、无意义感及自我疏离感这三个基本维度都得到了学者们的认可。

纵观已有的研究，学者们采用工作特征模型、社会交换理论等探讨组织因素、工作特征和领导风格对工作疏离感的影响。研究结果也验证了组织因素（组织支持等）对工作疏离感的显著影响，工作特征（工作自主性、工作多样性、任务重要性等）与工作疏离感之间存在显著相关的关系以及支持型领导或变革型领导等对工作疏离感的显著影响。另外，研究者也发现工作疏离感的降低能够促进员工角色内或角色外行为，进而有利于组织绩效的提高。

第四节 组织认同的文献回顾和述评

干预措施对员工创新行为的影响机制是员工的动机状态（Amabile，

1988，1996），效率导向的员工参与强调对员工认知和动机（情绪）的影响。组织认同是认知和情感双重驱动的结果，因此本书将组织认同作为员工认知和情绪的代理变量展开实证研究。本节将对工作疏离感的相关文献进行回顾和述评。

一、组织认同的内涵和起源

组织认同（Organizational Identification）最早起源于社会心理学领域，伴随认同（Identity）和社会认同（Social Identity）概念的发展而诞生，Foote（1951）提出个体总是倾向于把自己划分到某个组织，这种自我分类会激发个体按照组织的利益行动。Kelman（1958）认为认同是在特定关系中进行的一种自我定义，个体接受这种关系是因为个体希望与群体建立或者维持一个满意的自我定义关系。在此基础上，March和Simon（1958）在组织理论研究框架下提出了详细的组织认同模型。Mowday，Porter和Dubin（1974）将组织认同视为组织承诺（Organizational Commitment）的一个要素，直到20世纪80年代末，组织行为学领域的学者们将组织认同作为一个独立的概念进行理论和实证研究。

对于组织认同的概念主要可以归结为三类：第一类是从认知的角度进行定义，Ashforth和Mael（1989）提出组织认同是对与组织一致或从属于组织的感知，是个体对自身的组织成员感、归属感的感知，体现的是价值观层面个人与组织的一致，是社会认同的特殊形式。第二类是从情感角度进行定义，O'Reilly和Chatman（1986）提出组织认同是基于与认同目标保持情感满意的自我定义关系的吸引和期望，即组织认同是员工自然产生的对组织的心理依附，源自组织成员对组织的吸引感和预期。第三类是从认知和情感双重视角进行定义，Taifel（1986）定义组织认同是个体对自己组织成员身份的认定以及在此基础上产生的员工与组织在价值观上的一致和员工的情感归属。

在以上三类概念的基础上，Riketta（2005）把组织认同的定义重新归纳为个体由于具有某种成员身份而产生的自我定义，并且这种成员身份使个体在价值观上与组织保持一致及在情感上对组织产生依附或归属。本书也采用该定义，认为组织认同是一个认知和情感双重驱动的过程，其源自个体对其组织成员身份的认知，和组织价值观内化产生的情感归属。

二、组织认同的维度和测量

关于组织认同的维度和测量，学者们分别从单维度、三维度和四维度等方面对组织认同展开研究。

Mael 和 Ashforth（1989，1992）认为组织认同是单一维度的概念，反映的是员工对组织的情感归属，并开发了组织认同的量表，该量表因为其简单明了而得到广泛应用。Barge 和 Schlueter（1988）认为单维度的结构和测量不能反映组织认同的全部，组织认同应该包括三个维度，分别是成员感、忠诚度和相似性。Cheney（1983，1987）设计了组织认同的三维度量表，该量表由 25 道题目构成，相较于单维度的组织认同量表，该量表表达的信息更为完整，因此得到了很多学者的支持、认可与使用。另外，Dick et al.（2004）基于社会认同理论，认为组织认同包括认知、情感、评价和行为等四个维度，并在实证研究中编制了组织认同的量表，具体包括 30 道题目，但有学者认为组织认同的行为维度与组织公民行为之间在内容上可能存在重叠部分，因此在涉及组织公民行为相关研究的文献中，其测量准确性会受到一定的影响（宝贡敏和徐碧祥，2006）。

三、组织认同的影响因素研究

Kreiner，Hollensbe 和 Sheep（2006）认为组织认同的影响因素具体包括反映认同需求（Identity Demands）的组织情境因素和反映认同压力（Identity Tensions）的个体因素。

组织情境因素可以通过资源论、信息论和差异论三种基本理论来解释。

资源论认为，组织所具备的独特资源会促发或改变组织认同，Cheney（1983）指出有形资源可将组织形象具体化，因此能够提高员工对组织的认同。Fiol和O'Connor（2002）也提出组织声誉、财务表现等无形资源会改变员工对组织认同的信念和程度。信息论认为有效的信息沟通和交流能够促进信息接收者的目标和价值观与组织的目标价值观相结合，降低员工的不确定性感受，进而促进员工对组织的认同。Cheney（1983）提出了沟通在组织认同过程中起到重要作用，Corley和Gioia（2004）研究表明，当员工对组织的认同模糊不清时，管理者需要通过沟通加强员工的组织认同。Smidts，Pruyn和Van Riel（2001）研究表明沟通氛围和感知外部声誉对组织认同有显著影响，而信息的充足性决定了沟通氛围。差异论认为认同是由异到同的动态过程，员工需要通过与他人的参照对比明确自身与组织是相似的还是背离的。组织认同可以分为组织外认同和组织内认同两部分，组织外认同是指通过自我认知和外部反馈，寻找自己所在组织与其他组织的不同；组织内认同是指寻找与组织中其他成员的不同，通过自我调整获取与组织成员的相同性。在这两种认同的相互作用下，组织中的个体完成了从"我"到"我们"的转变。另外，也有学者关注领导风格对员工组织认同的影响，Kark和Shamir（2002）指出变革型领导能促使员工将组织的价值观和目标内化，进而对组织认同产生积极影响。

在个体层面的影响因素上，Mael和Ashforth（1992）研究发现工作年限、满意度和多愁善感的性格对组织认同具有显著的影响。Hall和Schneider（1972）、Hunt和Michael（1983）研究发现工作年限、员工参与等与个体紧密相关的组织政策或措施有益于培养员工的组织认同。国内学者魏钧（2009）研究表明知识型员工主观幸福感对组织认同具有正向的影响。李保东和王彦斌（2009）认为价值观契合度能够促进员工对组织的认同。

除组织因素和个体因素的影响以外，工作特征也会对组织认同产生影响。Bamber和Iyer（2002）研究表明工作自主性对组织认同具有显著的影响。

四、组织认同的影响结果研究

已有研究表明组织认同对员工的态度和行为（组织承诺、满意度、组织公民行为等）有积极的影响。Bergami 和 Bagozzi（2000）提出组织认同能够积极影响组织承诺和基于组织的自尊，进而对组织公民行为产生显著的影响。Dukerich，Golden 和 Shortell（2002）通过研究表明组织认同对组织公民行为和组织内部合作具有积极的影响。Dick et al.（2004）验证了组织认同的部分维度能够显著提升工作满意度。Bamber 和 Iyer（2002）研究表明组织认同显著降低员工离职倾向。赖志超、郑伯壎、陈钦雨（2001）通过实证研究也验证了组织认同对离职倾向具有重要的影响作用。

五、已有研究的评述

通过相关的文献回顾和梳理可知，组织认同是员工认知和情绪双重驱动的结果，既强调员工与组织价值观上的一致性，也强调员工对组织的情感依附。学者们在组织认同的维度和测量上提出不同的观点，其中，组织认同三维度划分（成员感、忠诚度和相似性）和测量得到广泛的认可和应用，本书也采用组织认同三维度的观点。

已有研究主要采用资源论、信息论和差异论等解释组织认同的产生机制。组织有形和无形的资源会改变组织认同的信念和程度，信息沟通和交流也能够促进员工的目标、价值观与组织的契合，有利于完成从"我"到"我们"的转变。学者们也对组织认同的影响结果进行了深入的探讨，已有研究表明组织认同能够改善员工的工作态度和行为。

第五节　互动公平的文献回顾和述评

员工参与作为组织正式的制度和组织方式，其对创新行为的影响过程必然会受到制度执行者（管理者）与员工之间非正式互动的影响，管理者行为方式会影响员工参与的有效性。互动公平关注程序在执行过程中人们所受到的人际对待，因此本书将互动公平作为管理者行为方式的代理变量展开实证研究。本节将对互动公平的文献进行回顾和评述。

一、组织公平的研究

Homans（1961）在社会交换理论中首次提出分配公平（Distributive Justice）的概念，分配公平是指员工对分配结果的公平感受，组织中的个体基于交换的目的希望在组织中得到两种预期结果，即与付出对等的报酬及与他人对等的付出报酬比例。在此基础之上，Adams（1965）提出公平理论，该理论认为在组织中员工不仅关注自己的绝对报酬，而且还关注自己的相对报酬，即员工都会不自觉的把自己现在的付出报酬与自己过去或者他人的付出报酬相比较，进而做出公平性的判断，并对工作态度和行为产生影响。后来有学者提出分配公平理论不适用于组织中以过程为导向的情境，于是产生了组织公平的二维结构分配公平和程序公平。Thibaut 和 Walker（1975）首次提出程序公平（Procedural Justice）概念，他们通过研究不同的司法审判程序如何影响诉讼者对审判结果的满意度及对审判过程的公平感知，提出了程序公平的概念。程序公平是指组织在资源分配过程中所使用的程序、过程的公平性。由此，分配公平和程序公平成为组织公平研究的两个最基本的维度。Bies 和 Moag（1986）首次提出了互动公平（Interactional Justice）的概念，认为互动公平是独立于分配公平和程序公平而存在的第三种组织公平形式，关注的是组织程序在执行过程中人们所受到的人际对待。Colquitt（2001）的研究又将互动公平划分为人际公平和信息公平，进而最终确定了组织公平的四维度结构模型，即组织公平由分配公平、程序公平、人际公平和信息公平四维度构成。

二、互动公平的内涵和维度

Bies 和 Moag（1986）认为互动公平是在组织程序进行当中员工对人际互

动、人际沟通的敏感性，即程序执行过程中执行者对待员工的态度、方式等对员工公平感知的影响。Folger 和 Cropanzano（1998）认为一项决策是由两部分构成，一部分是组织中的正式结构框架，另一部分则是决策者和接受者之间非正式的互动关系。Colquitt（2001）通过验证性因子分析将互动公平划分为人际公平（Interpersonal Justice）和信息公平（Information Justice）。人际公平是指员工在执行过程或决定结果时，所感受到的尊重程度；信息公平是指员工对自身所获取的与程序和结果有关信息的感知，这些信息可以解释程序为什么会这样进行及结果为什么会这样分派。

有些研究者认为互动公平属于程序公平的范畴（Cohen-Charash & Spector，2001），更多研究者将互动公平看作组织公平中独立于分配公平和程序公平的一个独立维度（Roch & Shanock，2006）。从内容上看，程序公平和互动公平存在明显的差异，程序公平具体包括程序是否具有一致性（Consistency）、程序是否建立在准确的信息上（Accuracy）、程序是否具有可矫正性（Correctability）、员工能够对程序提出意见和建议（Voice）等方面（Colquitt，2001）。而互动公平具体包括员工是否得到了程序执行者应有的尊重和真诚的对待（Respect）、程序执行者是否详尽地向组织成员阐述决策制定的原因和依据（Justification）、程序执行者是否诚实（Truthfulness）、程序执行者的行为是否礼貌得体（Propriety）等内容。从指向性上看，程序公平和互动公平也是相互独立的，代理人—系统模型（Agent-SystemModel）（王艇，2013）对此进行了系统的解释。Bies 和 Moag（1986）认为互动公平影响的是员工对程序执行者（Agent，如直接主管）的反应，程序公平影响员工对程序系统（System，如组织或者部门）的反应。

三、互动公平的影响因素研究

互动公平所关注的是程序在执行过程中人们所受到的人际对待，因此互动双方（领导和员工）是影响互动公平的主要因素。

领导因素具体包括领导人格特质和领导行为两个方面，Mayer et al.

（2007）的研究表明领导的"五大人格"中的宜人性与互动公平正相关；神经质与互动公平负相关；外向性、责任心和经验开放性与互动公平关系不显著。Greenberg（2006）研究表明，领导行为直接影响员工的互动公平感。Shaw，Wild 和 Colquitt（2003）通过元分析发现，领导的解释行为与员工互动公平感存在显著的相关关系。

员工因素同样也包括员工人格特质和员工行为两个方面。Scott，Colquitt 和 Zapata-Phelan（2007）认为，员工人格特征对领导遵守公平规则产生很大的影响，员工魅力能显著预测互动公平。Korsgaard，Roberson 和 Rymph（1998）通过实验室研究发现员工的自我展示行为会影响领导的行为，进而改善自身的互动公平感。

相似-吸引理论认为，领导者和员工在年龄、性别等人口统计学方面的相似性能够对双方的态度和行为产生影响。也就是说，领导和员工之间的相似性一方面能够对领导遵守互动公平规则产生一定的影响，另一方面对员工互动公平的感受产生影响（Tsui & O'Reilly，1989）。Scott，Colquitt 和 Zapata-Phelan（2007）的研究也证实了领导和员工在性别和年龄方面的相似性能显著预测互动公平。

四、互动公平的影响结果研究

互动公平的影响结果体现在员工的态度、行为和绩效等方面。Colquitt et al.（2001）对组织公平的影响结果进行分类（共分为11类），并通过元分析表明互动公平与工作满意度具有较强的相关关系，而与绩效、组织承诺和员工退缩行为关系较弱。Cohen-Charash 和 Spector（2001）通过元分析发现互动公平与退缩、组织承诺呈现中等程度的相关性。国内学者汪新艳和廖建桥（2009）认为组织公平通过组织承诺间接地作用于工作绩效，其中互动公平是通过情感承诺、规范承诺对任务绩效和关系绩效均产生显著影响。何轩（2009）研究表明互动公平与组织员工沉默行为具有显著的相关关系。

五、已有研究的评述

通过已有文献的回顾和梳理可以看出，互动公平是独立于分配公平和程序公平而存在的第三种组织公平形式。分配公平体现的是员工对资源分配结果的反应；程序公平体现的是员工对程序系统的反应；而互动公平关注组织程序在执行过程中人们所受到的人际对待，体现了员工对程序执行者的反应。三者在内容和指向性等方面都存在明显的差异。

从既有研究来看，互动双方即领导者和员工的特征是互动公平的重要影响因素，已有研究提出并检验了领导者和员工的个体特质和行为对互动公平的影响。同时，已有研究也发现互动公平与员工的退缩行为、沉默行为等显著相关，互动公平也能够改善工作态度，进而促进任务绩效和关系绩效。

第三章　员工参与对创新行为影响的过程机制分析

本章以员工参与动因为切入点，探讨员工参与对创新行为影响的过程机制。首先，回顾员工参与动因的理论基础和相关研究，归纳员工参与的基本目标或导向。然后，分别探讨不同导向员工参与对创新行为影响的过程机制。然后，识别中国情境下影响员工参与有效性的关键因素，分析员工参与对创新行为影响的情境边界。最后，形成员工参与对创新行为影响的理论模型。

第一节　员工参与的动因研究

员工参与动因在已有的文献研究中没有得到足够的重视，也很少有研究关注参与动因与有效性之间的关系（Glew et al., 1995）。本书对员工参与动因的理论基础和相关研究进行梳理，归纳和提炼员工参与的基本目标或导向。

一、员工参与动因的理论基础

员工参与制度的形成有着丰富的理论基础，经历了政治学、经济学和管理学等相关领域很长时间的积累与发展。因此，员工参与动因的理论基础源于不同领域和不同学科，归纳起来主要包括产业民主理论、利益相关者理论和人力资本理论。

（一）产业民主理论

产业民主也被译为工业民主。产业民主与经济民主的区别在于经济民主概念可以指更广泛的社会经济或社会的经济，而产业民主一般是指个别企业或劳动场所相关（Emery & Thorsrud，1969）。产业民主有广义产业民主和狭义产业民主之分。广义的产业民主是指员工在工作场所通过一定的组织和程序参与和影响决策、共享权力和责任的自我管理；狭义的产业民主是指工人真正控制企业，拥有工厂的所有资产，控制工厂的生产经营等一切活动（谢玉华和何包钢，2007）。产业民主思想最早多从狭义角度进行界定，具有意识形态的色彩，受工人运动和工会斗争的影响，是对资本主义私有制的一种矫正。管理理论的发展丰富了产业民主的内容，人际管理学说提出人是社会人而不是生产机器，需要通过发挥人的潜能来提高生产率，生产实践中也出现了员工建议系统、问题解决小组、利润分享、团队合作等新的管理模式和组织形式。从20世纪七八十年代开始，学者们从管理学视角研究产业民主，提出通过增加员工参与及管理者、工会和员工之间的沟通以减少劳资冲突，用团队自治取代传统控制主义模式。

科恩（2007）认为民主的首要含义在于参与。台湾学者卫民（1990，p96）认为，"工业民主为一种增进劳工参与管理决策之各项政策或者措施之总称，劳工参与乃指劳工以劳工之地位而直接或间接地行使企业经营权之职权而言"。Macy，Peterson和Norton（1989）提出参与是民主理论的核心，采用民主理论的参与式管理实践，是关注员工个体的健康和发展，管理者和员工之间相互尊重，共同解决问题和制定决策。

（二）利益相关者理论

利益相关者理论源于20世纪60年代美国斯坦福研究所提出的利益相关者的概念，他们将利益相关者界定为"那些如果没有他们的支持企业组织将不复存在的群体"（沈洪涛和沈艺峰，2007）。利益相关者理论认为现代企业是一个多边的契约组织，是股东、员工、债权人、消费者、贸易伙伴等利益相关者为了应付环境和人际关系本身的不确定性而结成的一种契约网络，每个利益相关者都向企业投入了某种专用的依赖性资源，企业经营的好坏会直接或间接地影响每一个利益相关者的利益，同时，企业的有效运作和持续发展也有赖于利益相关者之间的持久合作。因此，企业的经营不仅要重视股东的利益，而且要重视并增进其他利益相关者的权益。

利益相关者理论对员工参与的影响在于它将民主原则从政治领域扩展到更广泛的社会组织中，主张像对待普通公民一样对待组织中的成员。在利益相关者公司治理模式下，要保证所有直接受公司决策影响的利益者或在公司权力控制下的利益者有大致均等的机会能够民主地参与到公司的治理中，其中雇员就是最重要的一个参与角色，也是最有可能实现民主参与的主体。在社会组织中，一方面员工的收入、生活和养老都与企业生存和发展息息相关，他们的利益受企业影响最大；另一方面企业的成功在很大程度上要靠经营者和广大员工的工作积极性与创新性，若没有广大员工的忠诚支持和协力合作，企业也就不可能实现其经营的目标。

（三）人力资本理论

舒尔茨和贝克尔对人力资本进行了系统论述，提出人力资本对经济成长具有重要推动作用。人力资本理论将人的知识能力作为经济增长的巨大源泉，人的质量不同，对生产所作的贡献就不同，高质量的劳动力可以获得较高的劳动生产率，对生产的贡献就大，因此人的质量的提高也是经济增长的因素之一（王明杰和郑一山，2006）。人力资本理论对现代企业理论产生了重大影响，"以资本雇佣劳动"为基础的企业理论受到挑战。

人力资本的基本特征使员工参与成为可能。与其他物质资本相比，人力资本具有一些独特的特征，包括人力资本的所有者与占有者之间存在着不一致、人力资本所有权存在着分割的困难性等（黎煦，2005）。人力资本的这些特征决定了在企业实践中，人力资本的载体—员工在人力资本作用发挥中占据着决定性地位，因此挖掘人力资本的潜力是企业管理中的重要议题。在目前现实情况下，企业应该更加重视对员工深层需求的满足，从而达到挖掘人力资本潜能的目的，这就使员工参与成为可能。

二、员工参与动因的相关研究

已有文献对员工参与动因的研究相对较少。代表性的研究主要有：Dachler 和 Wilpert（1978）及 Macy，Peterson 和 Norton（1989）提出员工参与的四种理论导向及 Bar-Haim（2002）提出员工参与的三个基本目标。

（一）四种理论导向

Dachler 和 Wilpert（1978）和 Macy，Peterson 和 Norton（1989）提出员工参与包括民主主义、社会主义、人文主义、效率四种主要理论导向。Leana 和 Florkowski（1992）、Heller et al.（1998）的研究也支持了该观点。

民主主义理论导向强调所有个体在社会和组织决策中的平等参与，这是一种社会成员自我管理的哲学，这种理论的核心假设是如果将社会成员的知识和能力进行整合，他们是有潜力做出智慧和有效的选择。参与是民主主义理论的核心形式，民主主义导向的参与实践关注个体的健康和发展，在相互尊重和自由的氛围下，管理者和员工共同对问题解决和决策制定承担责任。

社会主义理论导向认为资本主义生产方式需要高水平的专业化和劳动分工，这样会导致劳动者的冷漠和无力感。社会主义导向强调通过工人委员会的形式来实现工人控制，建立工人委员会的目的就是将消极的工资获得者变成积极的业务伙伴以及更大范围地提高无产阶级革命的社会意识，社会主义导向的参与往往与工人斗争和反抗管理有关。

人文主义理论导向关注人的个性和潜能的发展。参与能够克服传统组织设计对组织成员的削弱作用。现有的组织追求效率和确定性，强调劳动分工和合理协调活动，这意味着工作专业化、重复的任务、统一的指挥系统、严格监管和基于外在的薪酬结构等，这种组织情境会阻碍人类高层次需要的满足，阻碍组织成员心理健康、福利等人格发展，进而阻碍经济稳定和组织的有效性。人文主义导向认为更加重要的是内在激励，通过工作丰富化、工作轮换、目标管理、员工导向监督和参与给予员工更多的影响力、自主决策权和责任。

效率导向认为生产率和效率是首要的焦点。工作场所大范围的疏离感、不满意和缺乏承诺，产生了大量成本，也降低了生产效率（较低的质量和产量、反生产行为或者骚乱等），管理者努力寻求社会科学技术，包括不同形式的参与，来解决这些成本。参与被假定能够增加满意度、增加团队凝聚力和对参与事务的承诺、提供更多准确的相关信息和增加生产率。

（二）三个基本目标

Bar-Haim（2002）归纳了在工作场所员工参与需要解决产业民主和权力分享、降低工作疏离感、有效人力资源管理的三个基本目标。

产业民主源于工人缺乏平等的权力和政治机会，在工业革命时期和民主国家得以迅速发展。产业民主和权力分享体现为员工参与决策制定的制度安排，包括工作场所，大多数的人能够有机会获得越来越多的专门知识和实现自己的利益。

Marx（1844/1963）认为员工参与可以降低工作疏离感，他将员工参与作为心理/精神的问题而不是政治问题，他阐述了疏离感的两个基本方面：无意义感和无力感。工人对产品的种类、数量和质量没有控制权，这些都由雇主、管理系统和技术系统进行控制，工人被迫忽略他们的需求去匹配这些系统。Blumberg（1968）认为疏离感是对工作状态的不满意，客观上表现为缺勤、离职、产业关系矛盾等，主观上表现为工作态度、士气等，他通过研究也验证了员工参与可以降低工作疏离感，相对于自主权、工作设计和轮换等形式，增加员工决策权对工作疏离感的降低更加有效。

管理学视角下更加倾向于员工参与对工作场所问题的解决，假定雇主、管理者及员工都是经济人，利益或工资最大化是追求的目标，因此，组织采取员工参与是因为其能够解决工作场所的问题，能够提升组织绩效。

表3.1　员工参与的动因

学者	观点
Dachler 和 Wilpert（1978）	民主主义（Democratic Theory） 社会主义（Socialistic Theory） 人类成长和发展（Human Growth and Development） 生产率或效率（Productivity and Efficiency）
Macy，Peterson 和 Norton（1989）	民主主义（Democratic Tradition） 社会主义（Socialistic Tradition） 人文主义（Humanistic） 传统管理（Management）
Leana 和 Florkowski（1992）	人际关系模型（Human Relations Model） 人力资源模型（Human Resources Model） 工作场所民主模型（Workplace Democracy Model） 工具主义模型（Instrumental Management）
Heller et al.（1998）	人文主义（Humanistic） 权力分享（Power Sharing） 组织效能（Efficiency）
Bar-Haim（2002）	产业民主和权力分享（Industrial Democracy and Power Sharing at the Workplace Level） 降低工作疏离感（Reduction of Work Alienation） 有效人力资源管理（Effective Human Resource Management）

三、员工参与的基本目标或导向

员工参与通常是管理者强加给员工的实践措施（Kanter，1983）。在实践中一般不是员工可以选择是否要更多参与，而是组织在选择是否给予更多的参与。所以组织如何看待员工参与？什么动机使得组织实施员工参与？组织对待参与的基本哲学是什么？这些问题应该是员工参与研究需要关注的重要主题。

学者们对员工参与的动因/目标进行了梳理和总结，虽然学者们表达的观点有所不同，但对员工参与动因的本质认识是基本一致的。基于已有研究成果，结合员工参与动因的基础理论，本书将员工参与归纳为两个基本类型：

第一，民主导向的员工参与。研究者比较一致地提出员工参与的民主主义和社会主义动因，由于这两种动因都是基于产业民主理论，主要关注社会问题的解决，强调决策参与和共享权力。因此，本书将这两种动因下的员工参与统称为民主导向的员工参与。民主主义导向员工参与的目标是提高员工在工作场所的主体地位，员工通过参与有机会获得专门的知识和实现自己的利益，组织通过参与能够缓解劳资冲突，进而避免劳资关系紧张带来的不利影响。

第二，效率导向的员工参与。人类成长和发展（又称：人文主义或人力资源模型）、生产率或效率（又称：工具主义、有效人力资源管理或者组织效能）这两种动因是基于利益相关者理论和人力资本理论，主要关注组织和群体问题，强调通过参与实现双方的互惠。因此，本书将两种动因下的员工参与统称为效率导向的员工参与。效率导向的员工参与期望通过促进员工或群体成长和提高工作满意度，实现提升组织绩效的目的。

这两种导向的员工参与是基于不同的理论基础，解决不同的社会或组织问题。因此，具有不同的意义和社会功能。但从参与的一般特征上来看，这两种导向下的员工参与不应该理解为竞争关系，而应该是互补关系，民主导向的员工参与关注社会问题，较少关注组织和团队问题，而效率导向的员工参与强调组织和群体因素，较少关注社会意义，但完整的或现实的参与应该是整合两种理论取向的视图，即现实组织中员工参与基于两种导向的多种员工参与类型的综合安排。

第二节　民主导向的员工参与对创新行为的影响

自19世纪末20世纪初以后，西方国家工业化生产发展和私有制确立带来了社会和经济领域中的不平等问题，在组织领域中劳资双方不平等成为一个日益严重的问题，雇主和管理者控制着劳动的过程，而大多数劳动者通过劳动获取劳动报酬，且被动接受劳动中的权威和管理，劳动者因此失去了对劳动过程和劳动结果的控制权。自此以后，如何促进产业民主一直是西方国家学者们广泛关注的重要主题。

中国在改革开放以后，基于国家和区域经济增长目标的要求和相关制度政策不健全的现状，国家一直强调对投资者利益的积极保护，在组织领域体现为管理层对劳动者的控制权日益增大，处于劣势的劳动者对劳动过程和劳动结果缺乏控制权和责任感，由此带来成本上升、质量下降、劳动关系紧张等一系列管理问题。因此，产业民主也是我国劳动关系和人力资源管理领域广泛关注的问题。

一、民主导向的员工参与

民主理论学者们认为仅仅在政治领域实行民主不足以维持民主主义的生命力，在社会组织和经济领域中也要实行民主。员工一生大部分的时间都要在工作场所度过，因此，工作场所实行产业民主和权力分享就成为民主主义的核心内容。工作场所民主的产出是通过一定方式和途径的员工参与，构筑合作、平等的生产过程和社会系统，突显员工在组织中的主体地位，促进组织内部劳动关系和谐。

员工参与是民主理论的核心（Macy，Peterson & Norton，1989；科恩，2007）。既然产业民主主要表现为员工参与，那员工参与的程度就应该是产业民主的衡量标准。员工参与程度主要取决于员工参与的深度（比如：是完全参与还是部分参与）和员工参与的广度（比如：是战略层参与还是工作场所层参与）。员工参与的形式也有很多，可以分为直接形式和间接形式两种，直接形式主要是工人自治或者半自治工作团队。民主理论认为"泰罗制"管理将工人限定在固定的工作岗位，变成生产线上的生产工具，因此很大程度上压抑了工人的主动性。民主理论主张打破生产线的限制，反对严格的监督和控制，赋予工人自己设计工作程序和工作安排的权力，鼓励工人共同承担责任，让他们以合作的方式解决问题。间接形式主要包括代表参与（监事会等）、财政参与（利润分享、员工持股等）、集体谈判和共同咨询（工人委员会）等方式。因此，民主导向的员工参与不仅仅限于间接参与的形式，一些直接参与形式（如，参与工作场所决策制定等）也能体现民主的理论导向。

二、民主导向的员工参与带来员工主体地位的变化

民主导向的员工参与强调凸显员工主体地位，促进员工对工作场所的权力和责任，满足员工对社会平等的需求。英国管理学家巴贝奇（1832）是企业民主参与实践的杰出代表，他提出了利润分享制度，工人可以获得利润分成，同时如果能够提供改进建议还能获得建议奖金。这种员工参与的形式能够将工人利益与雇主的利益一致起来，促进了劳资关系合作。后来随着工业的迅速发展，管理问题成为企业运营中的焦点，工人在生产过程中故意"磨洋工"，放慢生产速度以使得其他工人不失业，资方采取的计件工资制等激励方式不能长久发挥作用，劳资之间的对抗性矛盾冲突长期未得到缓解。在这种情况下，泰罗的科学管理理论得到广泛的关注。科学管理学派的代表人物泰罗（1901）从资方角度出发提出劳资合作机制，认为劳资合作的重要基础就是员工参与，他指出"资方和工人的亲密、亲切的协作是现代科学管理的精髓"。泰罗提出劳资双方不应将过多的注意力放在盈余分配上，而应该将注意力转向增加盈余的总数量上，如果劳资双方进行合作，他们创造的盈利是非常大的。在科学管理时期，管理者所倡导的合作和员工参与侧重于工作过程和工作任务上的合作和参与，其根本目的是更好地开发和利用劳动者的生产能力。在泰罗的科学管理方法和福特制的生产方式下，劳动分工和任务不断细化，构想与执行之间产生分离，管理部门负责分解工人的劳动过程，把劳动过程拆分成若干部分，交由不同的工人分别承担。工人的工作范畴不再是整个劳动过程，而仅仅是产品产生的某一工艺阶段。因此，科学管理实际带来的往往是工人的技能退化与主体地位不能得到体现。20世纪70年代以后福特制的生产方式逐渐被后福特制所取代。后福特制管理的核心内容有两个方面，一方面是责任自主制，另一方面是团队合作。这两种管理方式注重让责任自主的员工或团队设定某些目标，实施自我监督和团队伙伴的社

会控制（Fridman，1971），后福特制强调自主管理、员工技能和主体地位的提升。

在中国的计划经济时期，员工参与作为政治民主在经济领域的体现，带有浓厚的政治色彩，由政府自上而下地推行员工参与制度，在参与形式上主要有职工代表大会、工厂管理委员会、合理化建议等形式。因此这一时期的员工参与以被动参与为主，且大多数参与类型都流于形式。后来随着市场经济和企业改革的深入，管理层对劳动者的控制权日益增大，员工的身份也从"主人"逐渐转变为"雇员""被雇佣者""打工者""弱势群体"等，其权力和利益与资本所有者和管理者明显分化，并逐渐处于弱势地位。随着企业劳动用工的市场化程度逐步加深，员工对"主人翁"的地位更不认同，普遍认为自己是"受雇者"。企业员工的"主人翁"地位被虚化的现象并不是个别存在，而是具有一定的普遍性和必然性。在趋利性动机的作用下，同时受国外管理思想的影响，企业也开始自发地推行员工参与实践用以提高组织绩效，如自我管理小组、满意度调查、意见箱等形式。

综合国内外民主导向员工参与实践的产生和发展历程，提升员工的主体地位，促进员工对工作场所的权力和责任，满足员工社会平等的需求是民主导向员工参与的目标。Cole（1957）认为员工参与就是为了满足社会平等的需求。

三、员工主体地位中介民主导向的员工参与与创新行为之间的关系

民主导向的员工参与能够提高员工在组织中的主体地位。代表参与、财务参与等间接参与方式提高了员工在组织事务上的发言权，自治或半自治工作团队等直接参与方式赋予了员工在工作场所的自主权和自由裁量权。两者都能够带来员工主体地位的提升。

员工主体地位影响员工创新行为，主要体现在创新动机、创新机会和可能性两个方面。首先，员工主体地位的提升能够增强员工创新的动机。提升

员工主体地位会增强员工作为"主人翁"的责任感和自觉性，也会增强员工对组织的依赖感和信任感，员工认为组织的发展与自己息息相关，会以组织成员身份自觉地增加工作投入，产生保持工作或组织先进性的动机。其次，员工主体地位的提升也能够增强员工创新的机会和可能性。缺乏主体地位的员工创新行为难以实现和持续，自主权和控制权是员工创新行为的必要条件。如果员工缺乏自主权和控制权，不仅会丧失发现问题和产生创新构想的机会，也难以通过控制权将创新构想付诸实践。

已有相关文献研究中也探讨了工作自主性、工作影响力等在员工参与与结果之间的中介作用，Orlitzky 和 Frenkel（2005）通过实证研究验证了工作自主性在高绩效工作系统与劳动生产率之间的中介作用。Snape 和 Redman（2010）研究发现工作影响力在高绩效工作系统与组织公民行为之间发挥着中介作用。

第三节　效率导向的员工参与对创新行为的影响

理论界和实践界都普遍认为工业化生产方式和组织管理安排，比如劳动分工、专业化、统一指挥和严格监管等情境因素不利于员工高层次需要的满足，因此，很难激发员工的内在动机，带来很多诸如产品质量低、员工冷淡地对待工作等工作场所问题。员工参与能够通过工作丰富化、工作组织方式变化等一系列手段，对员工工作态度和行为产生影响，通过员工认知和情绪的变化，促进这些工作场所问题的解决。因此，员工参与作为一种管理工具广泛应用于组织管理实践之中。

一、效率导向的员工参与

效率导向的员工参与的基本假设是通过参与能够提供更多广泛且准确的信息增强员工对组织和工作的理解和认同，也能够改善员工的工作态度增强员工对参与事务的责任和承诺，进而促进员工实现最大的工作输出，也有利于组织绩效目标的实现。

现有的组织设计和制度安排强调可控性和确定性，致使员工高层次需求难以得到满足，于是带来了员工工作不满意和缺乏承诺等动机或情绪问题，也容易造成员工对工作目标和组织决策的错误理解。由此管理者努力寻求适当的管理技术（包括不同形式的参与）来解决这些问题。丰富化的工作设计、团队工作等直接参与形式能够促进员工对组织和工作事务的承诺和责任，有利于满足员工高层次的需求，进而促进员工和组织绩效的提升。另外，员工参与董事会、工人委员会等一些间接参与形式也能够创造一种积极的组织氛围，对员工的认知和情绪产生正向的影响。因此，效率导向的员工参与也不仅仅限于直接参与的形式，一些间接参与形式也有助于实现效率的目标。

二、效率导向的员工参与带来员工的认知和情绪的变化

效率导向的员工参与期望通过适当的社会技术手段，促使员工认知和情绪发生变化，进而使员工实现最大的工作输出。关注组织中人的因素最早可以追溯到以梅奥的"霍桑试验"为代表的人际关系学派的相关思想，人际关系学说强调组织中人的因素，强调工作环境中的社会过程。Maslow（1943）提出的需求层次论是重要的激励理论之一，该理论认为人有不同层次的需求，从低级到高级依次是生理、安全、归属、尊重和自我实现需求，而员工参与通过增强员工工作自主性、多样性等能够满足员工较高层次的需求。Herzberg（1959）提出的双因素理论也认为工作本身、认可、成就和责任等与工作本身有关的内容能够提高员工的满意度，而员工参与通过增强员工责任感和成就感等能够激发员工的内在动机。McGregor（1957）提出的Y理论认为人在正常条件下能学会承担责任，并能主动要求承担责任，具有相当高的创造力、想象力和解决工作中问题的能动性。因此基于Y理论的管理方法鼓励组织实践员工参与，向员工提供承担责任和挑战性工作的机会，扩大员

工的工作范围，便于组织分权和授权，倡导员工对自己的工作进行评价，通过激励和诱导使员工努力工作来实现组织目标。

综上所述，对员工认知和情绪产生影响、激发员工的工作潜能，促使员工实现最大的工作输出是效率导向员工参与的目标。在认知方面，员工参与能够提供高质量的工作决策信息及增加决策实施的知识，实现管理者和员工之间有效的沟通，加强员工对组织目标和工作任务的理解和责任；在情绪方面，员工参与能够满足员工自主、自尊、成就等较高层次的需求，增强员工对组织和工作的承诺和认同。

三、员工的认知和情绪中介效率导向的员工参与与创新行为之间的关系

效率导向的员工参与期待通过对员工认知和情绪的影响，改善员工的工作态度和行为，促进员工和组织绩效的提升。因此，员工的认知和情绪就成为员工参与与创新行为之间的中介因素。

员工对组织的认知和情绪影响员工创新行为，体现在对创新动机、创新构想两个方面。一方面员工对组织的依附感和信任感会增强员工创新意愿和动机，另一方面员工与组织在价值观或目标上一致性会增加员工组织成员身份感知，也会增加员工对组织决策和工作任务的认同和理解，不仅能够提升员工创新性工作的动机，也能够激发员工创造性构想的产生。

目前从效率视角探讨员工参与影响机制的文献大多以社会交换理论为主要的解释理论，探讨员工的认知和情绪（组织承诺、组织信任、组织自尊、心理授权等）在员工参与与影响结果之间的中介作用（Messersmith Patel & Lepak，2011；Zacharatos Barling & Iverson，2005）。学者们普遍认为员工参与重新塑造了组织与员工之间的交换关系，员工会采取多种类型的承诺回报组织的投入。当组织实施员工参与计划/实践时，组织就创造了一种互惠双赢的环境，能让员工感受到自己得到了组织的恩惠，从而使他们以更高的心理承诺和积极行为作为回报，最终促进个体和组织绩效的提升。但采用社会交换

理论解释员工角色外行为的产生略显乏力。因此，也有学者提出社会认同理论、自我决定理论等比社会交换理论更加能够解释员工角色外行为产生的过程机制（高中华和赵晨，2014；李旭培，王桢和时勘，2011；刘松博，2013）。

第四节　情境因素的调节作用

Miller和Monge（1986）提出员工参与的权变模型（Contingency Models），该模型认为员工参与对结果产出的影响依赖于不同的情境因素，需要考虑个体特征、决策环境、上下级关系、工作层次等情境因素对员工参与有效性的影响。

一、员工参与作用机制的情境边界

在已有的相关文献中，员工参与作用机制情景边界的探讨主要集中在外部环境和组织战略、领导者风格、个体因素等三个方面。

（一）外部环境和组织战略的调节作用

人力资源管理和组织绩效之间的关系中存在两种基本的视角：普适性和权变性（Youndt et al.，1996）。大多数学者支持权变性的观点，认为人力资源管理对组织绩效的影响依赖于组织特征，特别重要的是竞争战略。随着外部环境变化和技术变革速度加快，外部环境动态性、技术或行业特征等因素也成为人力资源管理与企业绩效关系的重要调节变量（Datta，Guthrie & Wright，2005）。Guthrie et al.（2002）认为高参与工作实践对组织绩效的影响依赖于竞争战略，并以新西兰企业为样本验证了在差异化战略情境下高参与工作实践与组织绩效呈现正相关关系，而在成本导向战略情境下两者之间没有显著关系。

（二）领导者风格的调节作用

员工参与计划和实践在组织中经常会受到限制，一个很重要的原因是领导方式或领导风格的影响。Jiang，Chuang 和 Chiao（2015）提出并验证了高绩效工作系统与服务型领导的交互作用下对绩效产生影响。Chuang，Jackson 和 Jiang（2016）提出对于知识型团队而言，人力资源管理实践能够影响团队知识获取和分享，其中授权型领导起到了重要的调节作用。程德俊和赵曙明（2006）提出高参与工作系统通过社会关系网络影响组织绩效，而领导方式也调节它们之间的关系。

（三）组织公平的调节作用

员工参与作为组织正式的制度和组织方式，其有效性会受到其本身的程序公平性和执行者的互动公平性两个方面的影响。程序公平更多地指向程序系统，互动公平感更多地指向上司。苗仁涛等（2013）提出并验证了程序公平对高绩效工作系统与员工行为关系的调节作用。李燚和魏峰（2011）理论化并实证证明了互动公正对高绩效人力资源实践与组织认同关系的调节效应。

（四）个体特征的调节作用

我们一般认为员工对组织干预呈现不同反应源于个体的差异（Staw，Bell & Clausen，1983），参与的权变模型也表明没有统一的形式适合所有的员工（Miller & Monge，1986）。因此，很多研究关注个性特征对员工参与有效性的影响。Vroom（1960）最早提出个性特征调节员工参与与生产率或满意度之间的关系，认为只有在个体具有低独裁主义和高独立性的情况下，员工参与才会对生产率或满意度产生显著影响。Kren（1992）在检验个体控制点对员工参与有效性的调节作用时，发现在员工参与实践中内控型员工的绩效高于外控型员工的绩效，外控型的个体特征抑制了员工参与对绩效的积极影响。Bandura（1986）通过实验研究验证了自我效能感在员工参与与绩效之间关系中的调节作用。Lam et al.（2002）也实证了自我效能感、个人主义/集体主义等社会文化和心理因素对员工参与感知与绩效之间关系的调节作用。

另外，也有研究关注个体的能力、工作性质等因素对员工参与有效性的影响。Locke 和 Schweiger（1979）认为员工能力会影响参与的有效性，高知识性员工参与应该能够产生更高的绩效，但是许多研究并没有成功验证这一假设（Steel & Mento，1987）。Miller 和 Monge（1986）提出重视参与的员工往往是高层级员工，或者是科研工作或者服务性企业的员工。

二、识别中国情境下影响员工参与实施效果的关键因素

一项决策既包括正式的组织结构和制度框架，也包括制度执行者与员工之间的非正式互动关系（Folger & Cropanzano，1998）。因此，员工参与作为组织正式的计划或管理制度，其有效性受到执行者与员工之间互动关系的影响，管理者（组织代理人）的行为方式成为员工参与实施效果的主要情境因素之一。

从中国现实情境来看，中国社会中人们普遍接受"遵从权威"的信念，组织上下级之间的角色义务是不对等的，即上级拥有垂直互动的主导权，下属居于被动地位。而增强员工参与意味要提升员工主体地位，赋予员工更多的自主权和控制权，从而打破"遵循权威"的信念，从本质上来讲，"遵从权威"的信念会影响员工参与的有效实施。另外，组织内"圈子现象"普遍存在，圈子决定了员工由于距离权力中心的远近不同，其可支配和调用的资源也不同，组织"圈子现象"的程度决定了该组织中员工参与机会的均等性。

"遵从权威"和"圈子现象"可以通过管理者行为方式表现出来，即管理者在程序执行过程中能否平等和真诚地对待员工、能否详尽阐述决策制定的原因和依据等具体行为方式体现了"遵从权威"和"圈子现象"的程度。因此，本书将管理行为方式也就成为本土化研究的情境因素，探讨其对员工参与与创新行为之间关系的调节作用。

第五节　员工参与对创新行为影响的理论框架

纵观员工参与的理论研究历程，员工参与经历了从劳动关系领域到人力资源管理领域拓展的过程，因此也承载了提升员工主体地位和促进组织效率的双重目标。单一地从劳动关系视角探讨员工参与对提升员工主体地位的作用，而忽视员工参与的有效性；或者单一地从人力资源管理视角探讨研究员工参与对组织效率的影响，而忽视员工参与的社会意义，都是不全面的和不合适的。现实中的员工参与是组织基于双重目标的多种参与类型的整体安排。而且员工参与的两个目标也并不总是矛盾的，提升员工主体地位也能够激发员工工作的积极性、主动性和创造性，进而促进组织绩效目标。

民主导向下的员工参与关注于员工的主体地位，加强员工参与能够增加员工在工作场所的"主人翁"地位，满足员工对社会平等的需求，改变员工作为"受雇者"的弱势地位，促进员工对工作场所的控制和权力。而员工主体地位的提升能够激发员工创新工作的动机，也能够提高员工创新的机会和可能性。因此，员工参与能够通过员工主体地位影响员工创新行为。

效率导向下的员工参与关注于改善员工对组织的认知和情绪，促进员工实现最大的工作产出。加强员工参与能够改善员工对组织的认知和情绪，促进员工与组织目标和价值观的一致性，增强员工对组织的依附和信任。而员工对组织认知和情绪的变化又能够激发员工创新工作的动机和创新构想的产生。因此，员工参与通过员工对组织的认知和信任影响员工创新行为。

员工参与作为组织正式的计划和管理制度，其实施过程中必然会受执行者和员工之间的非正式互动关系的影响。基于管理者行为方式能够反映"遵从权威"和"圈子现象"的中国现实情境。本书将管理者行为方式作为情境因素，探讨其对员工参与与创新行为之间关系的调节作用。

综合以上理论推演的结论，形成员工参与对创新行为影响机制的理论框架（见图3.1）。

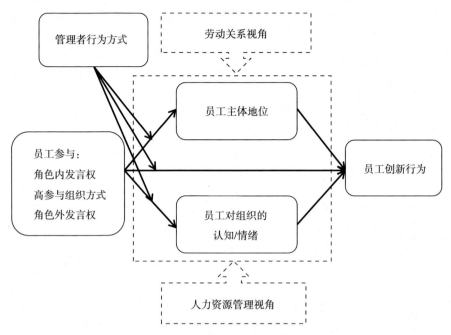

图3.1　员工参与对创新行为影响机制的理论框架

第四章 员工参与对创新行为影响的实证模型和研究假设

本章首先阐述员工参与对创新行为影响的主要解释理论，然后根据前文确定的理论框架，选择合适的研究变量确定实证研究模型，在此基础之上，结合主要解释理论提出研究假设。

第一节 主要解释理论

已有员工参与作用机制的文献大多采用社会交换理论作为理论基础，基本逻辑就是员工参与意味着组织对员工的重视和信任，员工基于回报的意愿表现出积极的态度和行为。本书认为该理论在解释员工创新行为产生方面略显乏力。本书将采用自我决定理论、社会认同理论和工作特征模型作为分析员工参与对创新行为影响机制的理论依据。

一、自我决定理论

（一）自我决定理论的主要观点

自我决定理论由 Deci 和 Ryan 提出，具体包括认知评价理论和有机整合理论两个子理论。Deci 和 Ryan 在 1975 年首先提出认知评价理论，该理论定义了人类的三种基本心理需要和内部动机，认为这三种基本心理需要的满足程度决定了个体内部动机的强弱。这三种基本心理需要分别是：（1）自主需要，是指个体对所从事活动拥有自主权，而非受他人控制的需要；（2）能力需要，是指个体对所从事活动感知有能力胜任的需要；（3）归属需要，是指个体和他人保持联系、归属于某一群体或组织的需要。认知评价理论认为个体内部动机的产生是基于个体的内部心理需要，满足这三种基本心理需要便产生内部动机。具体而言，如果外部环境损害这三种基本心理需要，个体就会感觉到被控制或产生无能感，便会降低内部动机；相反，如果外部环境没有损害或是满足了这三种基本心理需要，便不会降低甚至会提高内部动机。

在认知评价理论的基础上，Deci 和 Ryan 在 1985 年提出有机整合理论。该理论认为个体行为意愿的差异源于个体对所从事活动的规则和价值内化和整合的程度不同。内化是指个体吸收了所从事活动的规则和价值，整合是指进一步将这些规则和价值作为自身的一部分，映射到自我感觉当中（Ryan & Deci，2000）。按照外部规则和价值内化的程度，动机类型可以划分为去动机、外部动机、内部动机三种类型：（1）去动机，是指个体缺少行为意愿的状态。这是外部规则和价值内化程度最低的一种情况，具体表现为个体不看重该行为，或者预期该行为不能达到期望的结果，或者个体没有能力胜任等情况。（2）外部动机，有机整合理论将外部动机具体细分为四种类型：①外部调节，个体从事某种行为是为了满足外部需要（例如，奖励或者惩罚）。②内摄调节，个体吸收外部规则，但并不完全接受外部规则，从事某种行为是为了避免焦虑和愧疚或为了提高自尊。③认同调节，个体认同所从事活动的规则和价值，感知所从事的活动是重要的、有意义的。④整合调节，当个体对所从事活动的规则和价值完全内化时，即称为整合调节。（3）内部动机，个体从事活动是为了所从事活动本身的乐趣，代表一种高度自主和自我决定的状态。值得强调的是，外部动机内化并不等于内部动机，内部动机强调事务本身有趣的感知，而外部动机内化并非觉得事物本身有趣，只是通过价值内化认可了所从事活动的规则和价值。

Ryan 和 Deci（2000）认为去动机到内部动机在自主性维度上是一个连续体，去动机是一种无意愿的状态，内部动机是一种高度自主和自我决定的状态；外部动机则位于二者之间，是一种部分自主的控制状态。Deci 和 Ryan（2008）提出外部动机的认同调节和整合调节，与内部动机一起统称为自主性动机；而外部动机的外部调节和内摄调节则统称为控制性动机。在自主性动机下，员工个体行为通常伴随自我选择；控制性动机下，个体会产生被外界力量控制的感觉。个体自主性动机越强，其在组织活动中表现得越主动。

（二）自我决定理论的管理启示

根据认知评价理论，外部环境满足了个体的三种基本心理需要（自主需要、能力需要、归属需要），能够提高个体的内部动机，而外部环境危害个体的三种基本心理需要，则会降低个体的内部动机。

基于有机整合理论，自主性动机和控制性动机也会带来不同的效果。自主性动机能够促进积极的个体行为，而控制性的外部动机会削弱员工的内部动机，自主性的外部动机则不会削弱员工的内部动机。因此，如何促进外部动机的内化和整合，激发自主性动机成为值得关注的问题。

二、社会认同理论

（一）社会认同理论的主要观点

认同（Identity）一词起源于拉丁文的"Idem"（相同），英文被译成"同一性"，它既表示两种事务之间的一致性，也表示同一事物在时空上的连贯性；既包括客观的相似或相同（比如，相同身份、相同行为），也包括主观心理认知上的一致性。在社会学领域认同被定义为是一种同化与内化的社会心理过程，它是将他人或群体的价值、标准、期望与社会角色内化于个人的行为和自我概念之中（Theodorson，现代社会学字典）。在心理学领域认同被定义为一个人将其他个人或群体的行为方式、态度观念、价值标准等，经由模仿和内化，而使其本人与他人或群体趋于一致的心理历程（张春兴，心理学大辞典）。

Tajfel在20世纪70年代提出社会认同的概念和理论。他将社会认同定义为个体从其心理上归属的群体所获得的自我形象认知以及作为该群体成员所拥有的价值和情感体验。社会认同理论最早是用于解释群际关系（Intergroup Relations）、群体过程（Group Process）和群体成员身份（Group Membership）等社会问题。随后Turner（1987）等人陆续加以修正，并提出社会分类理论，从而进一步深化了社会认同理论的研究。

社会认同理论基本假设是个体以他们的社会群体资格来定义自身的心理状态和社会行为。该理论的主要观点是：

第一，社会认同的基本动机是为了提升自我概念或减少不确定性（Tajfel & Turner，1979；Turner et al.，1987）。社会认同理论认为，在群体内部，群体成员有获得积极评价的动机，以便获得自我提升和自尊，因此个体会追求自己所在群体中更高的地位和声望，进而获得更高的积极评价；在群际关系中，处于优势地位群体中的个体会获得较强的自尊感，处于劣势地位群体中个体往往获得较低的自尊感，追求积极评价的动机会使个体采取相应措施来应对消极的社会认同，比如，强调自己和所在群体的差异性、离开该群体而加入更高地位的群体中。另外，个体具有减少不确定性的动机以便很好地应对社会或环境的变化。人们想要对自己和他人的概念及其行为产生进行全面了解，以降低个体在社会中的不确定性。具体而言，当人们具备某个群体的成员资格并以此界定自我时，既能够通过所在群体的属性来认识自己，也能够参考所属群体的规范确定自己适当的行为，这样就大大地减少了在社会中的不确定性。

第二，社会认同是由社会分类（Social Categorization）、社会比较（Social Comparison）和积极区分（Positive Distinctiveness）三个原则建立的（Tajfel，1982）。社会分类过程是一个基本的认知过程，个体为了理解社会运用某种标准把社会中的人划分为不同的群体，个体通过了解自己属于什么群体来认识自己，通过参考自己所属群体的规范确定自己适当的行为。Hogg（2012）认为社会分类是个体界定"我是谁"的心理过程，个体会倾向于夸大其与心理上归属的内群体之间的相似性以及其与心理上对抗的外群体之间的差异性。社会比较使社会分类过程更有意义，个体倾向于在一些维度上加大群体间的差异，使自己所在的群体获得更积极的评价，而个体通过将自己看作一个优势群体中的一员而获得自尊感，所以社会比较关注的重点是群体间的差异，是明确"我不是谁"的过程。积极区分是个体通过群体身份获得自尊的过程，个体努力使自己在群际间比较的维度上表现得比外群体成员更为优秀，以维护和提升自我概念或自尊。综上所述，社会认同是通过社会分类、社会比较和积极区分，对所在的群体产生认同，并进一步促使符合群体规范的行为产生的过程。

（二）社会认同理论的管理启示

该理论认为社会认同的过程是个体通过社会身份建构获得的自我形象认知以及作为该群体成员的情感体验。当个体获得群体成员身份和完成自我概念的界定，个体就会感知到作为群体成员的角色和责任，个体会自觉按照群体规范和要求来指导自己的行为。

社会认同引入组织情境中就产生了组织认同的概念，组织认同是社会认同的特殊形式。组织认同是组织中的个体界定"我是谁"的过程，也是个体把自己和组织融为一体、从"我"变成"我们"的过程。当员工个体获得一种组织成员身份，他会以他的组织成员资格来定义自我概念和生成对组织的认同，进而表现出符合组织规范和要求的态度和行为。简而言之，组织认同将员工与组织的命运联系在一起，从而产生内在动机表现出符合组织成员身份的行为。

三、工作特征理论

（一）工作特征理论的主要观点

从20世纪60年代开始，研究者开始关注工作特征如何影响员工工作行为。Turner 和 Lawrence（1965）提出了任务特征理论（Theory of Requisite Task Attributes），他们在研究中归纳出六项必要的任务属性，具体包括多样性（Variety），自主性（Autonomy），知识与技能（Knowledge & Skill）、必要的互动（Required Interaction）、随意的互动（Optional Interaction）、责任（Responsibility）。他们的研究证明工作的这六种必要任务属性越强，对员工的积极影响就越强。另外，他们开发了"必要任务属性指标"（RTA Index）量表，用来测量工作特征和员工工作满意度、出勤率之间的关系。除此之外，他们在研究中也发现个体差异和组织环境等因素也会对工作特征与工作满意度、离职率等结果之间的关系具有调节作用。

Hackman 和 Oldham（1975）在任务特征模型的基础上进一步发展出了工作特征理论（Job Characteristics Theory）。这也是目前工作特征研究最具影响力的模型。他们认为提出任何工作都可以用技能多样性、任务完整性、工作重要性、工作自主性、工作反馈五个维度来衡量。技能多样性（Skill Variety）是一项工作对员工在其工作过程中执行不同操作或使用不同设备和程序的要求。任务完整性（Task Identity）是指员工完成一项完整的工作，并能够清楚地辨别他们努力结果的程度。工作重要性（Task Signification）是指自己的工作在多大程度上影响其他人的工作或生活。工作自主性（Autonomy）是指员工在工作安排、工作内容和工作程序等方面具有的自主程度。工作反馈（Feedback）是指员工得到他们所做工作执行情况的信息反馈程度。这五种工作特征影响三种关键的心理状态（工作意义感知、工作责任感知和工作结果认知），技能多样性、工作完整性和工作重要性这三种特征与工作意义感知这一关键心理状态有关，工作自主性与工作责任感知这一关键心理状态有关，反馈性与对工作结果认知这一关键心理状态有关。Hackman 和 Oldham（1976）通过回归分析研究了三种关键心理状态单独作用、共同作用、三种不同形式两两组合作用对积极产出（满意度等）的预测作用。1980年 Hackman 和 Oldham 对模型进行了修正，增加了个人知识和技能、薪酬满意度、安全满意度、同事满意度、上级满意五个调节变量。

（二）工作特征理论的管理启示

根据工作特征理论，工作特征影响工作意义感知、工作责任感知和工作结果认知三种心理状态，而这三种心理状态又能够预测员工的结果。由此可以推断工作特征对员工的结果产出具有重要的影响作用。

工作自主性通常与工作责任感知有关，工作具有自主性的员工往往需要对工作结果负责任，因为工作结果是它们自己决策和努力的结果。工作重要性、工作完整性和技能多样性等通常与工作意义感知有关，员工在三者都比较高的状态下，往往感知较强的工作意义感，进而激发内在工作动机。另外，技能多样化要求往往会增加工作的难度和挑战，员工需要付出更多努力去完成工作，并且试图想出其他更高效的新方法，有利于促进创造性结果的产生。反馈性与对工作结果认知有关，当员工知晓自己工作活动和工作行为产生了怎样的结果时，他们往往会受到较强的激励。

第二节　研究变量的选择

为了检验前文构建的理论框架，需要将理论框架中所解释的概念关系表现为具体的研究模型，即通过研究变量的选择将理论框架转化为可操作化的变量之间的关系。

一、员工主体地位与工作疏离感

根据理论建构的关系框架，民主导向下员工参与的目标是提升员工主体地位，满足员工对社会平等的需要。员工主体地位主要是指员工在组织和工作上的自主性和控制权，既包括对组织事务的发言权，也包括对工作过程、工作结果的自主权和自由裁量权等。

Marx（1844/1963）最早将"Alienation"界定为劳动者与制造的产品、进行的生产过程及生产和消费产品的其他人之间的分离。管理学者认为工作疏离感是员工与工作的疏离，将其定义为工作情境不能满足员工的需要或与期望不符导致的员工与工作分隔的心理状态，具体表现为无力感、无意义感和自我疏离感等维度。从概念上分析，工作疏离感与员工主体地位的内涵正好相反，员工主体地位的提升意味着员工拥有更高的自主性和控制权，员工的无力感、无意义感及自我疏离感（工作疏离感的三个维度）就会降低。

从本书所要解释的问题和工作疏离感的内涵两方面来看，采用工作疏离感作为员工主体地位的代理变量比较合适。

二、员工的认知和情绪与组织认同

根据理论建构的关系框架，效率导向的员工参与强调通过改变员工的认知和情绪，促使员工实现最大的工作输出。认知是对外界事务进行信息加工的过程，情绪是多种感觉、思想和行为综合产生的心理和生理状态。员工参与通过管理者与员工之间的沟通和信息分享及满足员工高层次需要等，促使员工对组织的认知和情绪发生改变。

组织认同是一个认知和情感双重驱动的过程，是个体根据某一特定的组织成员身份对自我进行定义，并且这种成员身份使个体在价值观上与组织保持一致及在情感上对组织产生依附或归属。从概念上分析，组织认同能够体现员工对组织的认知和情绪，员工对其与组织目标和价值观一致性的认知以及员工对组织的依附感和信任感，都能够促进组织认同的形成。

从本书所要解释的问题和组织认同的内涵两方面来看，采用组织认同作为员工对组织的认知和情绪的代理变量比较合适。

三、管理者行为方式与互动公平

组织正式的计划或管理制度是否能够产生积极的效果，除了受计划或管理制度本身制约以外，管理者与员工之间的非正式互动也会对其有效性产生影响，因此，管理者行为方式成为重要的情境因素。

互动公平关注组织程序在执行过程中人们所受到的人际对待，强调管理者与员工之间沟通的方式是否恰当，具体表现为管理者是否能够平等和真诚地对待员工、管理者是否详尽地向员工阐述决策制定的原因和依据等。从概念上分析，互动公平能够体现管理者行为方式。

从本书所要解释的问题和互动公平的内涵两方面来看，采用互动公平作为管理者行为方式的代理变量比较合适。

四、实证研究模型

根据理论建构的关系框架，第一方面民主主义导向的员工参与主要强调提高员工主体地位，满足员工社会平等的需要；第二方面效率导向的员工参与主要强调通过改变员工认知和情绪，使员工实现最大的工作输出；第三方面管理者行为方式会影响员工参与的有效性。

根据研究变量的选择，将工作疏离感作为员工主体地位的代理变量，将组织认同作为员工认知和情绪的代理变量，将互动公平作为管理者行为方式的代理变量，于是就构成了员工参与对创新行为影响的实证模型（具体见图4.1）。

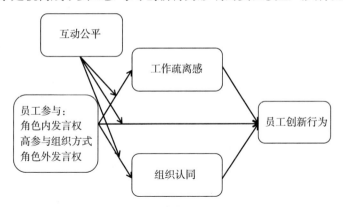

图4.1　员工参与对创新行为影响机制的实证模型

第三节　研究假设

一、员工参与对创新行为的影响

本书整合已有研究的观点，将员工参与的概念进行了重新的界定，并在此基础上确定了员工参与的三个基本维度：角色内发言权、高参与组织方式和角色外发言权。这三个维度关注不同的参与层次和内容，角色内发言权关注员工执行和管理自己工作任务的权力和责任；高参与组织方式主要是指团队工作、问题解决小组等直接参与类型；角色外发言权强调工作任务范畴以外的参与和正式的间接参与机制。

根据自我决定理论的主要观点，增强员工参与能够促进员工的积极行为。自我决定理论提出当外部环境满足了个体的基本心理需要（自主需要、能力需要、归属需要）时，就能够提高个体的内部动机，而外部环境危害个体的三种基本心理需要，则会降低个体的内部动机。自我决定理论又定义了自主性动机和控制性动机，认为自主性动机和控制性动机能够带来不同的结果，自主性动机越强，员工表现得越积极主动。增强员工参与能够激发员工的内在动机或自主性动机。具体而言，增强角色内发言权能够给予员工在工作场所的控制权和自由裁量权，而使员工拥有在工作任务、工作时间、工作安排等方面的自主性，进而能够满足员工自主性需求。增强高参与组织方式和角色外参与能够挖掘的员工潜在能力，也有利于员工与管理者之间及员工之间的沟通，进而满足员工能力和归属性需求。总之，增强员工参与能够激发员工的内在动机或自主性动机，促使员工表现出更积极的组织行为。

员工创新行为是理论界和实践界广泛关注的主题。员工创新行为具体包含创新构想产生、为创新构想寻求支持、创新构想实现三个阶段（Scott & Bruce，1994）。员工参与不仅能够激发员工个体创新的内在动机或自主性动机，也能够对员工创新行为的三阶段过程产生影响。首先，增强员工参与会促进员工在工作场所的创新构想、想法和解决方案。创新是十分复杂的活动，需要大量的知识和信息的输入，员工参与实践通过员工与管理者之间的信息互动，使员工获取更多的工作场所信息、组织或者部门运营信息以及工作相关技术先进信息；同时，员工参与实践倡导问题解决小组、工作团队等工作组织整合方式，因此员工之间就有了更多信息分享的机会。基于这些广泛的信息和知识，员工对目前的工作程序和工作技术等更容易产生创新的构想，对工作场所中遇到的问题找到创新性的解决方案。刘灿辉和安立仁

（2016）提出个体间频繁的交流和沟通可以激活原本孤立、静态的认知资源，进而提升个体及组织的创新绩效。郑馨怡，李燕萍和刘宗华（2017）研究表明知识分享对员工创新行为有显著正效应。其次，员工参与也会促使员工的创新构想、方案等转化为创新的行为。增强员工参与能够使员工获得较充分的组织资源和管理者支持，员工也能够对工作程序、工作时间、人员安排等内容具有较强的自主权和影响力，这样员工就有能力和机会将创新的构想、方案等付之实践。Deci et al.（1975）提出参与式管理提高了员工的创新绩效，而严密控制或限制的管理模式会降低员工的创新绩效。顾远东、周文莉和彭纪生验证了组织支持感及其各维度对研发人员创新行为有预测力，其中主管支持的预测力最强。

据此，本研究提出假设：

假设1：员工参与正向影响员工创新行为。

假设1a：角色内发言权正向影响员工创新行为。

假设1b：高参与组织方式正向影响员工创新行为。

假设1c：角色外发言权正向影响员工创新行为。

二、工作疏离感对员工参与与创新行为之间关系的中介作用

（一）员工参与对工作疏离感的影响

工作疏离感通常是指工作情境不能满足员工的需要或与期望不符导致的员工与工作分隔的心理状态（Banai，Reisel & Probst，2004），包括无力感、无意义感和自我疏离感三个基本维度（Hirschfeld & Field，2000）。无力感是指员工感到对工作的过程和结果缺乏控制，无意义感是员工感到缺乏工作价值和工作意义；自我疏离感指员工感到工作不能满足其内部需求，不能发挥其工作潜能。

根据工作特征模型的主要观点，增强员工参与能够降低工作疏离感。工作特征模型（Hackman & Oldham，1975）提出任何工作都可以用技能多样

性、任务完整性、工作重要性、工作自主性、工作反馈五个特征来衡量，这五种工作特征影响三种关键心理状态，分别是工作意义感知、工作责任感知和工作结果认知，且这三种关键心理状态对积极产出（满意度等）具有预测作用（Hackman & Oldham，1976）。员工参与实践通过工作特征的变化引起工作自主性、工作责任感和工作结果认知等关键心理状态的改变，进而降低工作的疏离感。具体而言，增强员工参与能够使员工拥有较强的工作自由裁量权，员工有较大的自主权安排和决定工作的程序过程，在一定程度上改变了工作自主性的特征，进而影响员工工作自主性感知的变化，降低员工的无力感。同时，增强员工参与能够通过工作团队、质量圈等正式参与制度使员工的工作多样性和丰富化，员工能够完整参与整个工作过程，而不仅仅是工作整体的一部分，在一定程度上改变了技能多样性和工作完整性的特征，使员工体会到工作的意义和价值，降低了员工的无意义感。另外，员工参与鼓励广泛的信息沟通和人际间互动，在一定程度上改变了工作反馈性和工作重要性的特征，加强了员工的工作意义感和归属感，降低了员工的自我疏离感。Nair 和 Vohra（2010）研究表明工作特征是工作疏离感最主要的预测因子。Banai，Reisel 和 Probst（2004）也提出工作特征因素与工作疏离感之间有着显著的负向相关关系。

据此，本研究提出假设：

假设2：员工参与负向影响工作疏离感。

假设2a：角色内发言权负向影响工作疏离感。

假设2b：高参与组织方式负向影响工作疏离感。

假设2c：角色外发言权负向影响工作疏离感。

（二）工作疏离感与员工创新行为

已有相关文献的研究表明工作疏离感显著影响工作满意度（Hirschfeld，Field & Bedeian，2000）、组织承诺（Mulki，2008）、组织公民行为（JesúsSuarez-Mendoza & Zoghbi-Manrique-de-Lara，2007）、工作绩效（Cummings &

Manring，1977）等结果变量。

工作疏离感对员工创新行为具有负向的影响，主要体现在创新动机、创新构想产生及创新机会和可能性三个方面。无力感通常伴随着工作缺乏自主性，在这种情况下，员工无法有效控制工作的过程和结果，也无法自由地安排工作进度和具体操作方式，会降低员工创新的意愿和动机。另外，在自主性缺乏的情况下员工一般只能按照既定的工作内容和程序开展工作，在客观上削减了进行创造性工作的机会和可能。杜鹏程和孔德玲（2012）的研究验证了工作自主性与员工创新行为之间的正向相关关系。无意义感表现为员工无法感受到自己的工作价值和工作意义，如果员工的无意义感较强，员工往往缺少对工作的兴趣和热情，不利于创新构想和方案的产生，员工也缺少动力将这些创新构想、方案等付之实践。李万明和李君锐（2016）的研究验证了工作意义感显著正向影响创新行为。自我疏离感表现为员工感知工作无法满足自己的内在需求，工作仅仅成为谋生的手段，如果员工具有较强的自我疏离感，员工就会缺少创新性工作的内在动机。王艳子，张莉和李倩（2015）通过实证研究表明内在动机对创新行为具有显著的正向影响。

据此，本研究提出假设：

假设3：工作疏离感负向影响员工创新行为。

（三）工作疏离感的中介作用

根据工作特征模型的观点，员工参与是组织的正式制度和组织方式，员工参与能够改变工作自主性、任务完整性、工作重要性、技能多样性和工作反馈性等五个基本特征，而这些工作基本特征的变化能够引起员工工作意义感知、工作责任感知和工作结果认知等心理状态的变化，进而影响员工的工作疏离感。同时，员工与工作疏离程度的降低能够激发员工创新的动机，也能够促进创新构想的产生以及增强员工创新性工作的机会和可能性。因此，员工参与通过工作疏离感对员工创新行为产生影响。

据此，本研究提出假设：

假设4：员工参与通过工作疏离感的中介作用影响员工创新行为。

假设4a：角色内发言权通过工作疏离感的中介作用影响员工创新行为。

假设4b：高参与组织方式通过工作疏离感的中介作用影响员工创新行为。

假设4c：角色外发言权通过工作疏离感的中介作用影响员工创新行为。

三、组织认同对员工参与与创新行为之间关系的中介作用

（一）员工参与与组织认同

社会认同是个体从其心理上归属的群体所获得的自我形象认知以及作为该群体成员所拥有的价值和情感体验（Tajfel & Turner，1979）。社会认同是群体成员自我概念的认知和情感体验的过程，其基本动机是提升自我概念或减少不确定性（Turner et al.，1987）。组织认同是社会认同的一种特殊形式，组织认同的过程也是一个认知和情感双重驱动的过程，是个体由于具有某种成员身份而产生的自我定义，并且这种成员身份使个体在价值观上与组织保持一致及在情感上对组织产生依附或归属（Riketta，2005）。

根据社会认同理论，增强员工参与能够促进组织认同。增强员工参与有助于员工在目标、价值观等方面与组织保持一致，也能够传达组织对员工的尊重和欣赏，促进员工自我概念的提升和降低员工的不确定性感知，进而提高员工的组织认同感。具体而言，首先，增强员工参与能够加强组织（管理者）与员工之间的信息沟通，员工获得更多有关组织和工作的信息，一方面这种信息沟通能够促进员工目标、价值观等方面与组织相契合，降低员工的不确定性感受。Smidts，Pruyn和VanRiel（2001）研究表明沟通氛围对组织认同有显著影响，而信息的充足性决定了沟通氛围。Cheney（1983）认为沟通在组织认同过程中起到重要作用。另一方面组织（管理者）与员工分享组织和工作的相关信息，管理者能够详尽地向员工阐述决策制定的原因和依

据，使员工内心感受到自己在组织中的重要地位，进而增强员工组织成员身份感和归属感。其次，员工参与强调员工在工作安排、工作时间和工作程序等方面的自主权和影响力，员工可以自主决策工作场所中可能对自己产生影响的相关事务，这种工作控制感能够强化员工组织成员身份认知。Bamber 和 Iyer（2002）研究表明工作自主性对组织认同产生显著影响。最后，组织（管理者）通过质量圈、任务小组等组织方式给予员工广泛的参与机会，使员工内心充分感受到组织支持和尊重，进而加强了员工对组织的归属感和情感依附。Edwards 和 Peccei（2010）在其研究中验证了组织支持感与组织认同的正相关关系。

据此，本研究提出假设：

假设5：员工参与正向影响组织认同。

假设5a：角色内发言权正向影响组织认同。

假设5b：高参与组织方式正向影响组织认同。

假设5c：角色外发言权正向影响组织认同。

（二）组织认同与员工创新行为

已有文献表明组织认同显著影响组织承诺（Bergami & Bagozzi，2000）、组织公民行为（Dukerich，Golden & Shortell，2002）、离职倾向（Bamber & Iyer，2002）和工作满意度（Dick et al.，2004）等。

社会认同理论认为个体会以其社会群体资格来定义自身的心理状态和社会行为。表现在组织领域，员工的组织认同是员工心理状态和组织行为的基础。组织认同使员工感知到被赋予的责任和要求，并促使他们积极接受并履行这些责任和要求，努力实现自己在组织和工作中的价值和意义。组织认同能够促进员工创新行为，主要体现在员工创新的动机和创新构想两个方面。组织认同具体包括成员感、忠诚度和相似性三个基本维度（Bergami & Bagozzi，2000）。首先，员工组织成员身份感和忠诚度能够提高员工在工作场所创新的意愿和动机，员工感觉到自己作为组织成员而应承担相应的责任，这时他们考虑的不再只有自己的个人利益，作为组织成员，组织的利益也与他们自身息息相关，这使他们不仅会完成分内工作，还会自觉实施一些超出角色期望的行为和承担具有挑战性的任务，这对于员工取得创新成就非常重要。Stamper 和 Masterson（2002）提出当员工感知自己是组织内部人时，员工会积极主动从事一些超越工作职责范围的活动。其次，员工与组织在价值观上的相似性也会促进员工创新的动机和创新构想的产生，那些与组织有共同价值观的员工在组织中会感觉融洽，有更强烈的内部动机对自我角色和工作任务进行构建，也有助于创新构想或方案的产生。王震和孙健敏（2010）表明员工和组织在价值观上的一致性程度与创意产生正相关。

据此，本研究提出假设：

假设6：组织认同正向影响员工创新行为。

（三）组织认同的中介作用

根据社会认同理论的观点，组织认同是一个认知和情感双重驱动的过程，也是个体的心理状态和组织行为的基础。在组织行为研究中，组织认同经常被解释为各方面因素与员工行为之间的中介变量（姜泽许，2014；张伶，聂婷和黄华；2014）。

增强员工参与能够赋予员工工作自主权和控制权以及提供更广范围的信息和影响力分享等，使员工在自我概念的认知和情感体验两个方面发生变化，促进组织认同的产生。而组织认同又使员工将自己和组织的命运相连，较强的归属感、忠诚度和相似性促使员工具有更强的内部动机从事一些超越角色范畴的积极行为，其中也包括创新行为。

据此，本研究提出假设：

假设7：员工参与通过组织认同的中介作用影响员工创新行为。

假设7a：角色内发言权通过组织认同的中介作用影响员工创新行为。

假设7b：高参与组织方式通过组织认同的中介作用影响员工创新行为。

假设7c：角色外发言权通过组织认同的中介作用影响员工创新行为。

四、互动公平的调节作用

已有研究表明互动公平对组织承诺（Cohen-Charash & Spector，2001）、工作满意度（Colquitt et al.，2001）、任务绩效和关系绩效（汪新艳和廖建桥，2009）、建言行为（何军强，2014）等具有显著正向影响，对退宿行为（Cohen-Charash & Spector，2001）、沉默行为（何轩，2009）、反生产行为（郭小玲，2013）等具有显著负向影响。

员工基于特定互动公平感去解读在此情境下发生的员工参与实践并相应地做出反应，互动公平会调节员工参与对创新行为的影响程度。在高互动公平的组织中，员工会感知到与组织之间的高质量社会情感交换，会认为组织实施的一系列员工参与实践是为了维护和保障员工自身利益，员工创新的内在动机也会进一步提高。而在低互动公平的组织中，由于管理者与员工之间缺乏良好的互动，员工会感知到与组织之间更多地局限于基本的经济交换，会对组织实施的员工参与实践产生怀疑，员工创新的内在动机也会被弱化。已有研究验证了人际不公正和互动不公正对工作疏离感的正向影响（Ceylan & Sulu，2010），管春英（2016）也验证了互动公平对包容性领导与创新行为之间的调节效应。

工作疏离感和组织认同员工参与与创新行为之间的关系，但这些中介效应的程度取决于员工感知互动公平的程度。在高互动公平环境下，由于员工感知到高质量的社会情感交换，员工对工作的无力感、无意义感等就会减弱，而员工对组织的信任感和认同感就会加强，因此，工作疏离感更少传导了员工参与对创新行为的效应，而组织认同更多传导了员工参与对员工创新行为的效应。反之，在低互动公平环境下，由于员工感知到的是基本的经济交换，员工对工作的无力感、无意义感等就会加强，而员工对组织的信任感和认同感就会减弱，因此，员工参与对员工创新行为的效应也就更多通过工作疏离感、更少通过组织认同来传导。

据此，本研究提出假设：

假设8：互动公平调节员工参与与创新行为之间的关系。

假设8a：互动公平调节角色内发言权与创新行为之间的关系。在高互动公平情况下，角色内发言权对创新行为的影响会加强；相反，在低互动公平情况下，角色内发言权对创新行为的影响会减弱。

假设8b：互动公平调节高参与组织方式与创新行为之间的关系。在高互动公平情况下，高参与组织方式对创新行为的影响会加强；相反，在低互动公平情况下，高参与组织方式对创新行为的影响会减弱。

假设8c：互动公平调节角色外发言权与创新行为之间的关系。在高互动公平情况下，角色外发言权对创新行为的影响会加强；相反，在低互动公平情况下，角色外发言权对创新行为的影响会减弱。

假设9：互动公平调节工作疏离感和组织认同在员工参与与创新行为之间的中介效应。

假设9a：互动公平调节工作疏离感和组织认同在角色内发言权与创新行为之间的中介效应。在高互动公平水平下，工作疏离感更少传导角色内发言权对创新行为的影响，组织认同更多传导角色内发言权对创新行为的影响；在低互动公平水平下，情况则相反。

假设9b：互动公平调节工作疏离感和组织认同在高参与组织方式与创新行为之间的中介效应。在高互动公平水平下，工作疏离感更少传导高参与组织方式对创新行为的影响，组织认同更多传导高参与组织方式对创新行为的影响；在低互动公平水平下，情况则相反。

假设9c：互动公平调节工作疏离感和组织认同在角色外发言权与创新行为之间的中介效应。在高互动公平水平下，工作疏离感更少传导角色外发言权对创新行为的影响，组织认同更多传导角色外发言权对创新行为的影响；在低互动公平水平下，情况则相反。

第五章　员工参与对创新行为影响的实证研究

本章在实证研究模型的基础上展开实证研究，具体包括研究变量的定义和测量、研究程序设计与方法、问卷的预测试与正式调研、数据分析与结果讨论四个部分。

第一节　研究变量的界定和测量

本书共涉及员工参与、工作疏离感、组织认同、互动公平和创新行为5个核心概念。其中，员工参与的概念是在已有研究基础之上进行的重新界定，所以需要对现有量表进行修订和完善，而工作疏离感、组织认同、互动公平和创新行为都属于相对成熟的概念，这些概念的测量均选择应用广泛、具有良好信度和效度的成熟量表。

量表的测量均采用Liket5点计分，即将测量等级设定为5级，"1"代表完全不同意，"5"代表完全同意。

一、员工参与的界定和测量

本书将员工参与定义为组织采取一些具体的制度计划或组织方式，让员工对工作和组织有更大的发言权，鼓励员工对工作和组织进行更大的责任和承诺，以期达到提升员工主体地位和促进组织绩效的目标。员工参与具体包括角色内发言权、高参与组织方式和角色外发言权三个基本维度。

员工参与的测量工具广泛存在于劳动关系和人力资源管理两个领域。早期劳动关系学者主要以员工参与决策制定（包括工作决策参与和战略决策参与等）为核心对员工参与进行测量，现代人力资源管理学者大多从权力、报酬、知识和信息四个方面对员工参与程度进行测量。基于本书对员工参与概念的重新界定，本书认为单一采用劳动关系视角员工参与的测量量表和单一采用人力资源管理视角高参与工作系统/实践的测量量表，都不能完整地反映员工参与的本质和内涵。已有文献中整合两种视角的员工参与测量工具很少，在查阅大量相关文献的基础上，本书发现 Wood 和 Menezes（2011）和 Wood et al.（2012）开发制定的量表基本能够体现整合视角下员工参与的内涵和本质。因此，本研究以该量表作为员工参与的初始测量工具。

表5.1　员工参与的测量题项

变量	编号	题项	来源
角色内发言权	EI1-1	我在我的工作任务上有很大的影响力	
	EI1-2	我在我的工作节奏上有很大的影响力	
	EI1-3	我在我的工作方法上有很大的影响力	
	EI1-4	我在我的工作规则上有很大的影响力	
	EI1-5	我在我的工作时间上有很大的影响力	
高参与组织方式	EI2-1	公司安排部分员工可以进行他们工作以外的培训	Wood 和 Menezes（2011）；Wood et al.（2012）
	EI2-2	我们公司有团队/小组形式解决具体工作问题，讨论绩效和质量问题（比如：质量圈、问题解决小组、或者持续改善小组）	
	EI2-3	我们公司管理部门使用建议计划征求员工的意见	
	EI2-4	我们公司很大部分的员工以正式团队设计形式工作	
	EI2-5	我们公司有正式的新员工入职计划（使新员工融入）	
	EI2-6	在过去的一年，我接受了沟通或者团队工作的脱产培训	
	EI2-7	我们公司有专门的会议，在会议上管理部门与员工一起讨论工作组织问题	
	EI2-8	我们公司管理部门定期披露财务状况、内部投资计划和人员计划	
	EI2-9	我们公司绝大多数员工有正式的绩效评估	

续表

变量	编号	题项	来源
角色外发言权	EI3-1	我们公司管理者寻求员工或者员工代表的意见	
	EI3-2	我们公司管理者对员工或者员工代表意见进行反馈	
	EI3-3	我们公司允许员工或者员工代表参与最后决定	
	EI3-4	我们公司管理者与员工分享组织运营方式变革的信息	
	EI3-5	我们公司管理者与员工分享人员变动的信息	
	EI3-6	我们公司管理者与员工分享员工工作方式变革的信息	
	EI3-7	我们公司管理者与员工分享组织财务（预算和利润等）信息	
	EI3-8	我们公司有工会，且工会代表员工就工资或者工作条件与公司进行谈判	
	EI3-9	我们公司能够保证员工的雇佣安全（没有强制裁员规定）	
	EI3-10	我们公司内部员工是唯一的或者优先的职位空缺填补的方法	
	EI3-11	我们公司有基于工作团队或者组织绩效的工资	
	EI3-12	我们公司有利润分享计划	
	EI3-13	我们公司有员工持股计划	

二、工作疏离感的界定和测量

疏离感的概念广泛存在于政治学、心理学、社会学和管理学领域，各个领域对其概念的界定存在很大的差异。管理学者关注的是员工与工作之间的疏离，认为工作疏离感是一种消极的心理状态，具体是指工作情境不能满足员工的需要或与期望不符导致的员工与工作分隔的心理状态（Banai, Reisel & Probst, 2004）。

关于工作疏离感的维度和测量，国外学者们从单维和多维等不同角度开展了大量的研究，也开发出多种测量工具。从目前国内的相关文献来看，国内学者们并没有对工作疏离感的维度和测量形成比较一致的意见，孙秀明和孙遇春（2015）在其研究中以 Nair 和 Vohra（2010）提出的单维度量表为基础展开实证研究，谢文心、杨纯和周帆（2015）以 Seeman（1959）和 Maddi（1981）开发的四维度量表为基础进行实证研究。本书最终采用 Hirschfeld 和 Field（2000）修改自 Maddi et al.（1979）的量表，该量表主要是对工作疏离感直接表现的描述，不涉及组织外的社会因素，更加符合本书的理论设想。

表5.2　工作疏离感的测量题项

变量	编号	题项	来源
工作疏离感	WA-1	经营者操控着那些为生计而工作的员工	Hirschfeld 和 Field（2000）
	WA-2	我都怀疑我为什么要工作	
	WA-3	大部分时间进行着没有意义的事情	
	WA-4	不管在工作期间付出了多少，依然无法实现自己的期望值	
	WA-5	无法将工作与激情放在一起	
	WA-6	普通人的努力毫无意义，最终受益者仅属于那些高层人士	
	WA-7	日常的事务做起来毫无意义	
	WA8	我大可不必努力工作，因为做与不做的结果是一样的	
	WA-9	并没有在工作中找到乐趣，只是利用部分时间得到酬劳	
	WA-10	并不认为人们的工作可以给社会带来很大的帮助	

三、组织认同的界定和测量

研究者主要从认知视角、情感视角及认知和情感双重视角三个方面对组织认同概念进行界定。其中 Riketta（2005）从认知和情感双重视角对组织认同的定义得到国内外学者们的广泛认可，组织认同是指个体由于具有某种成员身份而产生的自我定义，并且这种成员身份使个体在价值观上与组织保持一致及在情感上对组织产生依附或归属。

已有研究从单维度、三维度到四维度对组织认同的维度和测量进行了研究。Cheney（1983）关于组织认同三个维度（成员感、忠诚度和相似性）的观点得到了国内外学者广泛认可，且 Cheney 和 Phillip（1987）提出的组织认同测量问卷应用比较广泛。因此，本书中国学者魏钧（2009）翻译的该量表作为本书组织认同的测量工具。

表5.3　组织认同的测量题项

变量	编号	题项	来源
成员感	OI-1	作为公司的一名员工，我感到很自豪	
	OI-2	我向朋友赞扬自己所在的公司是值得效力且很卓越的一家公司	
	OI-3	我非常在意公司的命运	
忠诚度	OI-4	作为工作的地方，公司给我一种温暖的感觉	
	OI-5	我很乐意在公司度过我职业生涯的剩余时间	
	OI-6	在公司工作的经历，能够成为一个人有成就的例证	Cheney 和 Phillip (1987)；魏钧（2009）
	OI-7	我把公司形容为一个"大家庭"，大部分成员都有一种归属感	
	OI-8	我很高兴自己选择了为本公司而不是其他公司工作	
	OI-9	我觉得公司很关心我	
相似性	OI-10	公司在社会上的形象能够很好地代表我	
	OI-11	我发现自己很认同这家公司	
	OI-12	我发现自己的价值观和公司的价值观很相似	

四、互动公平的界定和测量

互动公平是组织公平的一个维度，是独立于分配公平和程序公平而存在的第三种组织公平形式，是在组织程序进行当中，员工对人际互动和人际沟通的敏感性（Bies & Moag，1986）。互动公平的指向性是组织代理人或管理者。

Niehoff 和 Moorman（1993）编制的组织公平量表应用比较广泛，中国学者汪新艳（2009）、何轩（2010）等在进行中国样本的组织公平问题研究中，表明该量表具有较好的信度和效度。本书采用该量表中互动公平维度的测量工具。

表5.4　互动公平的测量题项

变量	编号	题项	来源
互动公平	IJ-1	当在做与我工作相关的决策时，上级会善意地对待我	Niehoff 和 Moorman（1983）；何轩（2010）
	IJ-2	当在做与我工作相关的决策时，上级会尊重我考虑到我的尊严	
	IJ-3	当在做与我工作相关的决策时，上级会考虑我的个人需求	
	IJ-4	当在做与我工作相关的决策时，上级会以符合实际的方式进行	
	IJ-5	当在做与我工作相关的决策时，上级会与我商谈其内涵	
	IJ-6	上级会公正地评价我的工作	

五、员工创新行为的界定和测量

目前大多数学者们从创新过程的视角对创新行为进行界定，也就是创新构想或解决方案是员工创新行为的起点，但还需要创新的个体为自己的想法寻找支持者和将创新想法变成切实可行的产品。Scott 和 Bruce（1994）定义个体创新是一个问题的确认、创意的产生、寻求支持并将其创意"产品化"的过程。

Scott 和 Bruce（1994）开发的员工创新行为量表应用最为普遍，国内学者杨付和张丽华（2012）、俞明传和顾琴轩（2014）等通过该量表在实证研究中的应用，表明这一测量工具具有较好的信度和效度。

表5.5　员工创新行为的测量题项

变量	编号	题项	来源
创新行为	CB-1	总是寻求应用新的流程、技术与方法	Scott 和 Bruce（1994）；杨付和张丽华（2012）
	CB-2	经常提出有创意的点子和想法	
	CB-3	经常和别人沟通并推销自己的新想法	
	CB-4	为了实现新想法，想办法争取所需资源	
	CB-5	为了实现新想法，制定合适的计划和规划	
	CB-6	总体而言，他是一个具有创新精神的人	

六、控制变量

研究者通过实证研究验证了年龄、性别、教育水平等变量对员工参与感知（Alutto & Belasco，1972）和决策过程（Denton & Zeytinoglu，1993；Kahnweiler & Thompson，2000）有显著的影响。所以本书在问卷中加入了性别、年龄和学历等人口学特征变量，作为研究中的控制变量来开展实证研究。

第二节　实证研究的程序与数据分析方法

一、实证研究的程序

通过对已有文献的回顾和梳理，基于研究问题和理论推演，本书构建了员工参与对创新行为影响的理论框架，通过研究变量的选取将其转化为实证研究模型，并提出了研究假设。接下来需要进一步检验实证研究模型和研究假设，具体的检验程序包括以下几个步骤：

（一）问卷设计

根据实证研究模型中的概念界定和变量间关系，选择符合理论设想的测量量表。本书对员工参与的概念和维度进行了重新界定，所以员工参与的量表是在已有量表基础上修订而来，其余涉及的变量均采用被广泛应用的、且信度和效度都比较高的量表。为了确保英文量表翻译的准确性以及在中国情境下测量的有效性，由5位人力资源管理专业的博士研究生对该量表进行了翻译和回译，通过对比调整问卷的内容，并邀请了两位企业人力资源管理人士对问卷语言的表述进行了进一步的调整，以保证问卷在填写过程中的可读性。

（二）数据收集

问卷设计好之后，进入数据收集环节。数据收集共分为两个阶段：第一阶段是小样本预调研，目的是通过小样本分析结果对问卷的内容进行修订和完善，保证问卷与理论设想的一致性；第二阶段就是正式大样本数据的收集，用于实证研究模型和研究假设的检验。

（三）数据处理

对收集好的数据进行整理，共分为三个步骤：第一步骤是将所有回收的问卷进行编码，对原始数据进行完整保存；第二步骤是通过简单筛选，剔除明显存在问题的问卷，并将有效数据输入数据模板；第三步骤是检查输入的数据，对异常值进行处理。

（四）数据分析

数据处理完成之后，开始进入数据分析阶段。需要选择适当的数据分析方法进行分析和检验，并对研究结果进行分析和讨论，完成实证研究。

二、数据分析方法

在本书中对实证研究模型和研究假设的检验主要采取回归分析和路径分析的方法，并附以描述性统计分析、信度分析、效度分析和相关分析等方法。

（一）描述性统计分析（Descriptive Statistics）

通过对数据的描述性统计分析，可以了解数据的基本形态和分布特征，比如频次、均值、标准差等。本书采用SPSS 21.0软件进行描述性统计分析。

（二）信度分析（Reliability Analysis）

信度分析即为可靠性分析，通过信度分析可以评估量表的可靠性程度，借此表明数据的稳定性和一致性。一般采用Cronbach's a 系数来表征变量（或维度）各个题项的一致性。通常Cronbach's a 处于0.7~0.9之间被视作具有较高的信度。本书采用SPSS 21.0软件进行信度分析。

（三）效度分析（Validity Analysis）

效度分析主要评估量表的构念效度，即量表能够准确测出所要评估构念的程度。由于本书采用的员工参与的量表是在已有量表的基础上修订而来，需要进行探索性因子分析来评估其结构维度和构念效度。其余构念采用已有成熟的量表，需要通过验证性因子分析（Confirmatory Factor Analysis）等方法来评估各个构念的效度。本书采用SPSS 21.0、MPLUS 7.0软件进行效度分析。

（四）相关分析（Correlation Analysis）

相关分析主要是对各个变量间的相关性进行检验，目的是为后面的路径分析奠定基础。本书采用SPSS 21.0软件进行相关分析。

（五）回归分析（Regression Analysis）

主要采用层级回归的方法分析对实证研究模型中的直接效应、中介效应和调节效应进行检验。本书采用SPSS 21.0软件进行回归分析。

（六）路径分析（Path Analysis）

路径分析作为多元回归模型的拓展，可以同时包含几个回归方程，可以解决传统回归模型中只能分析一个因变量的不足。所以路径分析特别适用于检验彼此联系的复杂关系网络。本书具体采用有调节的中介（Moderated Mediation）模型分析自变量通过中介变量影响因变量的过程受到调节变量的调节作用。本书采用MPLUS 7.0软件进行路径分析。

第三节　预调研数据分析与正式调研问卷形成

预调研的目的是对原始量表的信度和效度进行初步检验，通过量表修订形成正式的调研问卷。

一、预调研数据收集

第一，为了尽量避免共同方法偏差（Common Method Variance，CMV）对研究结果的影响，将问卷分为自评部分和他评部分。员工参与、工作疏离感、组织认同、互动公平均由测评对象本人填写，创新行为由测评对象的上级填写，特殊情况下可以由了解测评对象工作状况的同事填写。

第二，问卷收集采取直接收回和匿名填写的形式。由于问卷中的题项主要是对工作、上级、组织等评价，员工在填写过程中可能会有顾虑，所以问卷由本人填写后不通过上级直接收回，上级（或同事）填写部分也不通过员工直接收回，两个部分的问卷都是由第三方进行匹配和回收。同时，问卷内容没有体现员工姓名和工作单位等直接个人信息的题项，且在问卷填写说明中强调只用于学术研究、不涉及商业机密和个人隐私，答案也无对错之分，以保证数据的真实性。

第三，问卷收集限定了样本的范围。通过前文的文献综述，表明组织规模、行业、竞争环境等因素对员工参与有效性产生影响，较大规模的、处于高动态环境的企业或者服务业更倾向于采用员工参与实践。因此本书在问卷收集过程中就限定了样本的范围，选择了保定市、深圳市等2家民营汽车制造企业和保定市1家服务企业的员工及其主管作为调查对象。预调研阶段共发放问卷200份，回收问卷157份，剔除有明显问题的问卷后得到有效问卷123份，问卷的有效回收率为61.5%。

二、预调研数据分析

为了检验初始问卷的质量，对预调研的样本数据进行总相关分析和信度分析，并对修订的员工参与量表进行探索性因子分析。

（一）分析方法

修正的总相关分析（Corrected-Item Total Correlation，CITC）的目的就是

剔除与量表总体相关程度较低的题项，进而使量表的同质性更高。如果题项与量表总体相关程度较低，表明该题项与其他题项的同质性不高，则可以考虑将该题项删除。吴明隆（2010）建议删除项的CITC值要小于0.4，且删除后量表信度系数（Cronbach's a）明显好于原来的量表，则建议删除该题项。

信度分析用于检验题项之间的一致性和稳定性，一般采用Cronbach's a系数进行信度检验。Nunnally（1978）认为信度系数大于0.7表示该量表具有较高的信度。一般情况下，如果删除一个题项，量表信度系数明显变大，表明这一题项与其他题项之间不同质，删除后的量表比原量表有更好的测量效果。

探索性因子分析（Explorative Factor Analysis，EFA）用于对数据的效度检验，由于员工参与的量表是在已有量表基础之上修订而来，且对原量表的结构维度进行了重新划分，因此本书需要对员工参与量表进行探索性因子分析。首先，对样本进行KMO（Kaiser-Meyer-Olkin Measure of Sample Adequacy）和Bartlett球形检验。KMO的值越接近1表明原始量表相关性越强，一般大于0.7表明适合做因子分析。然后，采用主成分分析方法和方差最大旋转方法进行探索性因子分析，一般以特征根大于1作为因子提取的标准，题项的一个公因子上的载荷尽可能接近1（一般大于0.4），其他公因子的在载荷尽可能接近0（吴明隆，2010），从而保证题项在不同公因子上的区分度。如果有的题项在两个公因子的载荷上差值小于0.2，说明该题项在因子结构上比较混乱，要考虑删除。

（二）员工参与量表的分析结果

员工参与量表的预测试结果见表5.6。其中角色内发言权维度5个题项的CITC值均达到阈值（>0.4），因此均予以保留，该量表的 a 值为0.908，达到了信度系数要求（>0.7）。高参与组织方式中的8个题项的CITC值均达到阈值（>0.4），而ET2-1"公司会安排员工进行超出工作范围之外的培训"这一题项的CITC值为0.305，未达到阈值（>0.4），且删除该题项后 a 值从0.880提高到0.896，信度得到显著提高，因此决定删除该题项，处理后的高参与组织方式维度由9个题项缩减为8个题项。角色外发言权中的12个题项的CITC值均达到阈值（>0.4），而ET3-9"公司能够保证员工的雇佣安全（没有强制性裁员规定）"这一题项的CITC值为0.315，未达到阈值（>0.4），且删除该题项后a值从0.882提高到0.889，因此决定删除该题项，处理后的角色外发言权维度由13个题项缩减为12个题项。删除这两个题项以后，员工参与整体量表的a值从0.900提高到0.908。

表5.6 员工参与量表的预测试分析

维度	编号	CITC	删除后a值	处理		a
角色内发言权	EI1-1	0.851	0.890	保留		
	EI1-2	0.899	0.875	保留		
	EI1-3	0.824	0.897	保留	a=0.908	
	EI1-4	0.866	0.885	保留		
	EI1-5	0.841	0.893	保留		
高参与组织方式	EI2-1	0.305	0.896	删除		
	EI2-2	0.725	0.865	保留		
	EI2-3	0.792	0.859	保留		
	EI2-4	0.794	0.861	保留		a_1=0.900
	EI2-5	0.727	0.867	保留	a_1=0.880	a_2=0.908
	EI2-6	0.743	0.864	保留	a_2=0.896	
	EI2-7	0.802	0.858	保留		
	EI2-8	0.704	0.868	保留		
	EI2-9	0.794	0.861	保留		
角色外发言权	EI3-1	0.817	0.866	保留		
	EI3-2	0.796	0.867	保留		
	EI3-3	0.822	0.866	保留	a_1=0.882	
	EI3-4	0.812	0.866	保留	a_2=0.889	
	EI3-5	0.616	0.875	保留		
	EI3-6	0.651	0.873	保留		

续表

维度	编号	CITC	删除后a值	处理	a	
角色外发言权	EI3-7	0.745	0.869	保留	$a_1=0.882$ $a_2=0.889$	$a_1=0.900$ $a_2=0.908$
	EI3-8	0.574	0.878	保留		
	EI3-9	0.315	0.889	删除		
	EI3-10	0.411	0.883	保留		
	EI3-11	0.712	0.868	保留		
	EI3-12	0.647	0.873	保留		
	EI3-13	0.454	0.883	保留		

注：a_1表示删除前的值，a_2表示删除后的值。

通过修正的总相关分析（CITC）和信度分析之后，对员工参与的量表进行探索性因子分析，分析结果见表5.7。员工参与量表的KMO值为0.851，高于0.7的判断标准；Bartlett球形检验值为1851.637（df=300，$p<0.001$）。说明数据样本适合做因子分析。

探索性因子分析采用主成分因子抽取方法和最大方差法的旋转方法。如果以特征根大于1作为因子提取的标准，因子分析结果表明角色内发言权与高参与组织方式的因子结构比较清晰，但是角色外发言权的因子不是很理想。但如果按照理论设想设定因子个数为3个，因子分析结果表明各个题项聚成3个公因子，每个题项在公因子划分上都比较清晰，不存在题项在两个公因子的载荷上差值小于0.2，因此这一阶段的所有题项予以保留。

表5.7　员工参与量表的探索性因子分析

编号	旋转后的因子载荷			数据样本适应性指标值	
	1	2	3	KMO	0.851
EI1-1	0.044	0.360	0.763	Bartlett球形检验	1851.637
EI1-2	0.097	0.222	0.861	自由度	300
EI1-3	0.145	0.217	0.767	显著性水平	0.000
EI1-4	0.128	0.208	0.836	累计解释变异量%	57.116
EI1-5	0.066	0.200	0.824		

续表

编号	旋转后的因子载荷			数据样本适应性指标值	
EI2-1	0.088	0.656	0.257		
EI2-2	0.042	0.752	0.205		
EI2-3	0.033	0.741	0.301		
EI2-4	0.109	0.662	0.269		
EI2-5	0.060	0.747	0.026		
EI2-6	0.162	0.772	0.150		
EI2-7	0.213	0.700	0.119		
EI2-8	0.137	0.775	0.146		
EI3-1	0.769	0.233	0.190		
EI3-2	0.752	0.236	0.112		
EI3-3	0.768	0.283	0.159		
EI3-4	0.788	0.134	0.180		
EI3-5	0.651	−0.175	0.158		
EI3-6	0.671	0.123	0.221		
EI3-7	0.711	0.198	0.094		
EI3-8	0.549	0.263	−0.005	Bartlett 球形检验	1851.637
EI3-9	0.417	−0.017	−0.045	自由度	300
EI3-10	0.681	0.103	0.056	显著性水平	0.000
EI3-11	0.677	0.070	−0.088	累计解释变异量%	57.116
EI3-12	0.472	0.054	−0.018		

（三）工作疏离感量表的分析结果

工作疏离感量表的预测试结果见表5.8。该量表的10个题项CITC值均达到阈值（>0.4），且该量表的a值为0.943，高于信度系数要求（>0.7），剔除其中某一题项a值也没有提高。因此该量表的所有题项都予以保留。

表5.8 工作疏离感量表的预测试分析

变量	编号	CITC	删除后的 a 值	处理	a 值
工作疏离感	WA-1	0.751	0.940	保留	$a=0.943$
	WA-2	0.814	0.937	保留	
	WA-3	0.839	0.936	保留	
	WA-4	0.841	0.935	保留	
	WA-5	0.858	0.935	保留	
	WA-6	0.829	0.936	保留	
	WA-7	0.797	0.938	保留	
	WA8	0.799	0.938	保留	
	WA-9	0.873	0.934	保留	
	WA-10	0.723	0.941	保留	

（四）组织认同量表的分析结果

组织认同量表的预测试结果见表5.9。该量表的12个题项CITC值均达到阈值（>0.4），且该量表的 a 值为0.966，远远高于信度系数要求（>0.7），剔除其中某一题项 a 值也没有明显变化。因此该量表的所有题项都予以保留。

表5.9 组织认同量表的预测试分析

变量	维度	编号	CITC	删除后的 a 值	处理	a 值
组织认同	成员感	OI-1	0.774	0.965	保留	$a=0.966$
		OI-2	0.879	0.962	保留	
		OI-3	0.606	0.970	保留	
	忠诚度	OI-4	0.904	0.962	保留	
		OI-5	0.886	0.962	保留	
		OI-6	0.816	0.964	保留	
		OI-7	0.900	0.962	保留	
		OI-8	0.928	0.961	保留	
		OI-9	0.853	0.963	保留	
	相似性	OI-10	0.864	0.963	保留	
		OI-11	0.915	0.961	保留	
		OI-12	0.899	0.962	保留	

（五）互动公平量表的分析结果

组织认同量表的预测试结果见表5.10。该量表的6个题项CITC值均达到阈值（>0.4），且该量表的 a 值为0.945，远远高于信度系数要求（>0.7），剔除其中某一题项 a 值也没有明显变化。因此该量表的所有题项都予以保留。

表5.10　互动公平量表的预测试分析

变量	编号	CITC	删除后的 a 值	处理	a 值
	IJ–1	0.901	0.933	保留	
	IJ–2	0.921	0.929	保留	
互动公平	IJ–3	0.869	0.938	保留	a=0.945
	IJ–4	0.879	0.936	保留	
	IJ–5	0.907	0.931	保留	
	IJ–6	0.838	0.942	保留	

（六）创新行为量表的分析结果

创新行为量表的预测试结果见表5.11。该量表的6个题项CITC值均达到阈值（>0.4），且该量表的 a 值为0.905，远远高于信度系数要求（>0.7），剔除其中某一题项 a 值也没有明显变化。因此该量表的所有题项都予以保留。

表5.11　创新行为量表的预测试分析

变量	编号	CITC	删除后的 a 值	处理	a 值
	CB–1	0.821	0.889	保留	
	CB–2	0.861	0.881	保留	
创新行为	CB–3	0.838	0.886	保留	a=0.905
	CB–4	0.807	0.891	保留	
	CB–5	0.825	0.887	保留	
	CB–6	0.792	0.894	保留	

三、正式调研问卷的生成

通过对小样本的预测试，对原始量表进行CITC、信度分析及探索性因子分析，剔除原始量表中同质程度较低的题项，使修订后的量表在CITC的信度都达到阈值。

分析结果表明员工参与的正式量表包含25个题项，其中角色内发言权包括5个题项；高参与组织方式剔除一个题项（"公司会安排员工进行超出工作范围之外的培训"），该维度正式问卷具体包括8个题项；角色外发言权剔除一个题项（"公司能够保证员工的雇佣安全（没有强制性裁员规定）"），该维度正式问卷具体包括12个题项。问卷中其他量表的CITC和信度系数都比较高，都能够达到阈值，因此本书未对工作疏离感、组织认同、互动公平和创新行为的量表进行调整。

第四节　正式调研与数据分析

一、正式调研与数据收集

运用修订好的问卷展开正式问卷收集。在正式调研过程中考虑了以下几个问题：

第一，本书对样本的来源进行了特别的限定。已有研究表明企业规模、行业和竞争环境等因素对员工参与实践有重要影响。较大规模的、处于高动态环境的企业或者服务业更倾向于采用员工参与实践。因此，正式调研与预调研一样，对样本的来源进行了特别的选择和限定。最终确定样本的来源是汽车制造企业、金融业和服务业的员工。汽车制造企业处于高动态环境之中，面对品牌、质量和价格等多方面的市场竞争。银行业和保险业在互联网金融冲击下和金融体系内部竞争加剧环境下，也面临巨大的挑战。另外，相对于传统制造业企业，服务业因其首要资源就是员工，可能更加注重员工参与实践。本书的具体样本来源包括长城汽车股份有限公司、浙江吉利控股集团有限公司、长安标致雪铁龙汽车有限公司、长安汽车股份有限公司、比亚迪股份有限公司、保定市客运中心站、华润万家西安总部、石家庄北国人百集团、中国农业银行河北省分公司、保定银行股份有限公司、安邦保险集团股份有限公司河北省分公司。

第二，本书主要依靠朋友、同学等采用滚雪球方式进行数据收集。将配套的电子版问卷发送给朋友或同学，由他们来进行发放和回收。因为本书采用的是员工与主管（或同事）两个来源的配套数据，为了保证问卷的质量，每位朋友或同学只负责10份问卷的发放和回收。同时，为消除被调查者填写问卷的顾虑，配套问卷采用直接回收和匿名填写的形式。每套问卷通过发放红包的形式来调动被调查者填写的积极性。

第三，对原始问卷进行仔细检查。在问卷调查过程中，不可避免地会有员工不认真填写的情况，比如，所有题项均选择中间值或者极端值，在问卷回收以后对每份问卷进行了仔细的检查，最大可能地保证问卷质量。

正式调研的时间为2017年1月2日至2月7日，共回收问卷607份，经过审查删除无效问卷68份，最终确定有效问卷是539份，问卷的有效回收率为88.8%。

二、样本的基本信息

从样本的性别分布来看，男性所占比例为53.6%，女性占46.4%，性别结构基本平衡。年龄以26~45岁为主，占总人数的79.8%。从教育程度看，专科/本科人员所占比例为83.7%。从企业所在行业来看，样本主要来自于制造业、服务业和金融业，所占比例为86.6%。企业规模以大型企业为主，500人以上的企业占76.1%。企业创立年限上，20年及以下占48.8%，21年以上占51.2%。企业的所有制性质方面，民营企业所占比例最大，占到49.5%，其次是国企，占36.0%，其余是外资企业或者中外合资企业。被调查者的职位分布上看技术类人员占40.1%，比例最大。样本的基本信息统计分析见表5.12。

表5.12　正式调研样本数据特征

项目	特征值	频次	百分比	累计百分比
性别	男	289	53.6	53.6
	女	250	46.4	100
年龄	25岁及以下	78	14.5	14.5
	26~35岁	279	51.8	66.2
	36~45岁	151	28.0	94.2
	46岁及以上	31	5.8	100.0
学历	初中及以下	4	0.7	0.7
	高中/中专	24	4.5	5.2
	大专/本科	451	83.7	88.9
	研究生及以上	60	11.1	100.0
企业所属行业	制造业	244	45.3	45.3
	服务业	119	22.1	67.3
	金融业	104	19.3	86.6
	其他	72	13.4	100.0
企业规模	500人及以下	129	23.9	23.9
	501~2000人	177	32.8	56.8
	2001人以上	233	43.2	100.0
企业创立年限	20年及以下	263	48.8	48.8
	21年以上	276	51.2	100.0
企业性质	国企	194	36.0	36.0
	民营企业	267	49.5	85.5
	外资/合资企业	78	14.5	100.0
所在职位	生产/服务类人员	62	11.5	11.5
	技术类人员	216	40.1	51.6
	业务类人员	78	14.5	66.0
	管理类人员	183	34.0	100.0

三、正式调查问卷的信度分析

（一）数据的正态性检验

通过 Kolmogorov-Smirnov 检验及偏度系数（Skeness）和峰度系数（Kurtosis）对正式调研获得的大样本数据进行正态性检验。保证数据是在近似正态分布的前提下进行统计分析。具体结果见表5.13。

表5.13　题项的正态性检验结果

变量	编号	Kolmogorov-Smirnov[a]			偏度		峰度	
		统计值	自由度	显著性	统计值	标准误	统计值	标准误
员工参与	EI1-1	4.588	538	0.000	−0.232	0.105	−0.263	0.210
	EI1-2	4.499	538	0.000	−0.232	0.105	−0.459	0.210
	EI1-3	4.558	538	0.000	−0.384	0.105	−0.094	0.210
	EI1-4	5.269	538	0.000	−0.379	0.105	−0.395	0.210
	EI1-5	4.630	538	0.000	−0.332	0.105	−0.512	0.210
	EI2-1	4.725	538	0.000	−0.264	0.105	−0.954	0.210
	EI2-2	3.964	538	0.000	−0.033	0.105	−0.825	0.210
	EI2-3	4.435	538	0.000	−0.268	0.105	−0.707	0.210
	EI2-4	4.510	538	0.000	−0.416	0.105	−0.793	0.210
	EI2-5	3.464	538	0.000	0.117	0.105	−1.134	0.210
	EI2-6	4.330	538	0.000	−0.254	0.105	−0.870	0.210
	EI2-7	3.549	538	0.000	0.092	0.105	−1.032	0.210
	EI2-8	3.834	538	0.000	−0.306	0.105	−0.930	0.210
	EI3-1	4.765	538	0.000	0.136	0.105	−0.408	0.210
	EI3-2	4.739	538	0.000	−0.026	0.105	−0.079	0.210
	EI3-3	4.888	538	0.000	0.364	0.105	−0.329	0.210
	EI3-4	4.084	538	0.000	0.228	0.105	−0.673	0.210
	EI3-5	3.911	538	0.000	0.158	0.105	−0.795	0.210
	EI3-6	4.054	538	0.000	0.164	0.105	−0.709	0.210

续表

变量	编号	Kolmogorov-Smirnov^a			偏度		峰度	
		统计值	自由度	显著性	统计值	标准误	统计值	标准误
员工参与	EI3-7	5.029	538	0.000	0.578	0.105	-0.208	0.210
	EI3-8	4.848	538	0.000	0.627	0.105	-0.052	0.210
	EI3-9	4.575	538	0.000	0.191	0.105	-0.794	0.210
	EI3-10	4.450	538	0.000	0.176	0.105	-0.700	0.210
	EI3-11	5.080	538	0.000	0.695	0.105	-0.287	0.210
	EI3-12	6.287	538	0.000	1.060	0.105	0.544	0.210
工作疏离感	WA-1	3.866	538	0.000	-0.041	0.105	-0.839	0.210
	WA-2	4.252	538	0.000	0.250	0.105	-0.895	0.210
	WA-3	4.487	538	0.000	0.211	0.105	-0.998	0.210
	WA-4	4.014	538	0.000	0.040	0.105	-0.995	0.210
	WA-5	4.560	538	0.000	0.174	0.105	-0.961	0.210
	WA-6	4.585	538	0.000	0.155	0.105	-1.119	0.210
	WA-7	4.585	538	0.000	0.235	0.105	-0.826	0.210
	WA8	4.640	538	0.000	0.364	0.105	-1.010	0.210
	WA-9	4.170	538	0.000	0.155	0.105	-0.905	0.210
	WA-10	4.468	538	0.000	0.437	0.105	-0.885	0.210
组织认同	OI-1	4.467	538	0.000	-0.321	0.105	-0.376	0.210
	OI-2	4.420	538	0.000	-0.211	0.105	-0.781	0.210
	OI-3	4.419	538	0.000	0.548	0.105	-0.503	0.210
	OI-4	4.658	538	0.000	-0.313	0.105	-0.817	0.210
	OI-5	4.260	538	0.000	-0.192	0.105	-0.891	0.210
	OI-6	4.686	538	0.000	-0.393	0.105	-0.658	0.210
	OI-7	4.191	538	0.000	-0.154	0.105	-1.048	0.210
	OI-8	4.201	538	0.000	-0.247	0.105	-0.946	0.210
	OI-9	4.419	538	0.000	-0.011	0.105	-0.944	0.210
	OI-10	4.160	538	0.000	-0.171	0.105	-1.003	0.210
	OI-11	4.004	538	0.000	-0.030	0.105	-0.882	0.210
	OI-12	4.011	538	0.000	-0.138	0.105	-1.006	0.210

续表

变量	编号	Kolmogorov-Smirnov[a]			偏度		峰度	
		统计值	自由度	显著性	统计值	标准误	统计值	标准误
互动公平	IJ-1	4.616	538	0.000	-0.305	0.105	-0.494	0.210
	IJ-2	4.486	538	0.000	-0.199	0.105	-0.450	0.210
	IJ-3	4.258	538	0.000	-0.130	0.105	-0.553	0.210
	IJ-4	4.246	538	0.000	-0.179	0.105	-0.730	0.210
	IJ-5	4.674	538	0.000	-0.277	0.105	-0.723	0.210
	IJ-6	4.440	538	0.000	-0.247	0.105	-0.486	0.210
创新行为	CB-1	4.885	538	0.000	-0.352	0.105	-0.378	0.210
	CB-2	4.497	538	0.000	-0.347	0.105	-0.381	0.210
	CB-3	4.411	538	0.000	-0.237	0.105	-0.592	0.210
	CB-4	4.399	538	0.000	-0.343	0.105	-0.379	0.210
	CB-5	4.372	538	0.000	-0.290	0.105	-0.532	0.210
	CB-6	4.859	538	0.000	-0.405	0.105	-0.155	0.210

注："[a]"表示 Lilliefors 显著性相关。

虽然 Kolmogorov-Smirnov 检验的结果显示数据题项不符合正态分布（显著性水平为 0.000），但是各题项的偏度和峰度的绝对值都小于 1.5，根据 Kline（1999）的观点，当偏度系数绝对值小于 3，峰度系数绝对值小于 10，就可以认为数据基本符合正态分布。因此，本书所用数据近似符合正态分布。

（二）信度分析

对正式调查的大样本数据同样需要进行信度分析，以确保采用量表的一致性和可靠性。信度分析采用 Cronbach's a 系数，通常认为 Cronbach's a 大于 0.7 被视作具有较高的信度。

表5.14 信度分析结果

变量	维度	题项数目	*a*系数	
员工参与	角色内发言权	5	0.933	0.927
	高参与组织方式	8	0.899	
	角色外发言权	12	0.888	
组织认同	成员感	3	0.830	0.966
	忠诚度	6	0.948	
	相似性	3	0.943	
工作疏离感		10	0.936	0.936
互动公平		6	0.920	0.920
创新行为		6	0.949	0.949

使用SPSS 21.0对各个量表进行信度分析，分析结果见表5.14。各量表的信度系数（Cronbach's *a* 系数）均高于0.7，由此可见正式大样本数据的测量工具具有很好的可靠性。

四、正式调查问卷的效度分析

（一）聚敛效度

聚敛效度（Convergent Validity）是指运用不同测量方法测定同一特征时测量结果的相似程度，即不同测量方式应在相同特征的测定中聚合在一起。测量指标的内部拟合性一般采用因子载荷（λ）、组合信度（Composite Reliability，CR）、平均方差析出量（Average Variance Extracted，AVE）等指标进行评估。因子载荷体现了每个题项反映潜变量的程度，因子载荷越大，说明该题项越能够反映潜变，一般情况下，标准是大于0.4。组合信度是指一个组合变量由多于一个变量的总和做成的新变量的信度，一般当组合信度大于0.5时，表明测量工具能够获得基本的稳定性（Raine-Eudy，2000）。平均方差析出量代表了多个测量题项中"真方差"是"观察方差"的平均比例，一般要求大于0.5，表明潜变量的聚合能力较为理想（邱皓政和林碧芳，2009）。本书运用 SPSS 21.0 对以上衡量指标进行检验。详见表5.15。

另外，常用的拟合指数还包括选取 χ^2/df（卡方自由度之比，Normed Chi-Square）、CFI（比较拟合指数，Comparative Fit Index）、TLI（非规范拟合指数，Non-Normed FitIndex，又称 NNFI）、RMSEA（近似误差均方根，Root Mean Square Error of Approximation）、SRMR（标准化残差均方根，Standardized Root Mean Square Residual）等。本书采用 MPLUS 7.0 对以上衡量指标进行检验。

表5.15　各变量聚敛效度检验结果

潜变量	χ^2	df	χ^2/df	CFI	TLI	RMSEA	SRMR	CR	AVE	λ
建议标准			<5	>0.9	>0.9	<0.1	<0.08	>0.5	>0.5	>0.4
角色内发言权	38.036	5	7.607	0.979	0.958	0.111	0.021	0.950	0.790	0.857-0.912
高参与组织方式	75.847	20	3.792	0.965	0.950	0.072	0.032	0.919	0.589	0.668-0.821
角色外发言权	547.745	54	10.143	0.792	0.746	0.130	0.090	0.909	0.460	0.458-0.837
工作疏离感	219.061	35	6.259	0.930	0.910	0.099	0.041	0.946	0.641	0.591-0.860
组织认同	311.567	54	5.770	0.941	0.928	0.094	0.032	0.971	0.735	0.633-0.921
互动公平	17.162	9	1.907	0.996	0.993	0.041	0.012	0.960	0.799	0.858-0.925
创新行为	35.559	9	3.951	0.978	0.964	0.074	0.025	0.938	0.716	0.808-0.864

角色内发言权的聚敛效度检验结果来看，各指标的因子载荷处于0.857~0.912之间，CR值为0.950，AVE值为0.790，均达到阈值。另外，CFI和TLI值也均达到大于0.9的标准，SRMR值也达到小于0.08的标准。而RMSEA值为0.111，χ^2/df值为7.607，但是考虑到χ^2容易受到样本量的影响，且RMSEA又是略高于建议标准，因此可以判定角色内发言权具有较好的聚敛效度。

高参与组织方式的聚敛效度检验结果来看，各指标的因子载荷处于0.668~0.821之间，CR值为0.919，AVE值为0.589，均达到阈值。另外χ^2/df值处于建议标准之内，CFI值和TLI值也均达到大于0.9的标准，RMSEA值达到小于0.1的标准，SRMR值也达到小于0.08的标准，所以各项评估指标均达到要求，因此可以判定高参与组织方式具有较好的聚敛效度。

角色外发言权的聚敛效度检验结果来看，各指标的因子载荷处于0.458~0.837之间，CR值为0.909，AVE值为0.460，均达到阈值。χ^2/df值为10.143，CFI值为0.792，TLI值为0.746，RMSEA值为0.130，SRMR值为0.090，虽然这几项指标没有达到建议标准，但是与建议标准接近，鉴于λ值、CR值和AVE值符合建议标准，因此可以判定角色外发言权具有较好的聚敛效度。

工作疏离感的聚敛效度检验结果来看，各指标的因子载荷处于0.591~0.860之间，CR值为0.946，AVE值为0.641，均达到阈值。另外，CFI和TLI值也均超过0.9的标准，RMSEA值小于0.1的标准，SRMR值也达到小于0.08的标准。只有χ^2/df值为6.259，略高于建议标准，但是考虑到χ^2容易受到样本量的影响，因此可以判定工作疏离感具有较好的聚敛效度。

组织认同的聚敛效度检验结果来看，各指标的因子载荷处于0.633~0.921之间，CR值为0.971，AVE值为0.735，均达到阈值。另外，CFI和TLI值也均超过0.9的标准，RMSEA值小于0.1的标准，SRMR值也达到小于0.08的标准。只有χ^2/df值为5.770，略高于建议标准，但是考虑到χ^2容易受到样本量的影响，因此可以判定组织认同具有较好的聚敛效度。

互动公平的聚敛效度检验结果来看，各指标的因子载荷处于0.858~0.925之间，CR值为0.996，AVE值为0.993，均达到阈值。另外χ^2/df值处于建议标准之内，CFI值和TLI值也均达到0.9的建议标准，RMSEA值达到小于0.1的建议标准，SRMR值也达到小于0.08的建议标准，所以各项评估指标均达到要求，因此可以判定互动公平具有较好的聚敛效度。

创新行为的聚敛效度检验结果来看，各指标的因子载荷处于0.808~0.864之间，CR值为0.938，AVE值为0.716，均达到阈值。另外χ^2/df值处于建议标准之内，CFI值和TLI值也均达到0.9的建议标准，RMSEA值达到小于0.1的建议标准，SRMR值也达到小于0.08的建议标准，所以各项评估指标均达到要求，因此可以判定创新行为具有较好的聚敛效度。

（二）区分效度

区分效度（Discriminant Validity）指在应用不同方法测量不同构念时，所观测到的数值之间应该能够加以区分。本书采用竞争性模型比较法对变量的区分效度进行检验。将角色内发言权、高参与组织方式、角色外发言权、工作疏离感、组织认同、互动公平和创新绩效构成的七因子模型作为基础模型，另外构建了三因子、四因子、五因子和六因子模型与基准模型进行比较。本书运用MPLUS 7.0进行验证性因子分析，结果表明基准七因子模型显著优于其他嵌套模型，本书中所涉及的变量之间具有良好的区分效度。

表5.16　各变量区分效度检验结果

模型	因子	χ^2	df	χ^2/df	CFI	TLI	RMSEA	SRMR
基准	EI1 EI2 EI3 WA OI IJ CB	608.004	168	3.619	0.960	0.950	0.070	0.030
六因子	EI1+EI2 EI3 WA OI IJ CB	1497.582	174	8.607	0.879	0.854	0.119	0.061
六因子	EI1 EI2+EI3 WA OI IJ CB	1167.637	174	6.711	0.909	0.891	0.103	0.059
六因子	EI1+EI3 EI2 WA OI IJ CB	1326.902	174	7.626	0.895	0.873	0.111	0.091
六因子	EI1 EI2 EI3 WA OI+IJ CB	1207.620	174	6.940	0.906	0.886	0.105	0.040
五因子	EI1+EI2+EI3 WA OI IJ CB	2028.170	179	11.331	0.832	0.802	0.138	0.077
四因子	EI1+EI2+EI3 WA OI+IJ CB	2615.968	183	14.295	0.778	0.746	0.157	0.081
四因子	EI1+EI2+EI3+OI WA IJ CB	2258.484	183	12.341	0.811	0.783	0.145	0.088
四因子	EI1+EI2+EI3+ IJ OI WA CB	2583.308	183	14.116	0.781	0.749	0.156	0.084
三因子	EI1+EI2+EI3+OI+IJ WA CB	2830.460	186	15.218	0.759	0.728	0.162	0.090

注：EI1表示角色内发言权，EI2表示高参与组织方式，EI3表示角色外发言权，WA表示工作疏离感，OI表示组织认同，IJ表示互动公平，CB表示创新行为，"+"表示因子合并。

五、共同方法偏差和多重共线性检验

（一）共同方法偏差检验

本书充分考虑到共同方法偏差对研究结果的研究，因此在调研过程中采用员工和主管两个不同来源进行数据收集，即员工填写员工参与三个维度、工作疏离感、组织认同和互动公平的问卷部分，而主管对员工的创新行为进行评价。且通过区分效度检验表明七个构念具有良好的区分效度，说明本书的共同方法偏差问题对研究结果影响不大。考虑到员工自我报告的构念之间可能存在共同方法偏差问题，因此，本书对员工自我报告的构念进行 Harman 单因素检验。将所有员工自我报告的所有题项一起进行探索性因子分析，运用主成分分析法，未旋转，提取特征值大于1的因子。本书运用 SPSS 21.0 进行运算，结果表明第一主成分解释了整体变异量的44.174%，未达到建议大于50%的标准。由此可以判定，本书所采用的数据不存在严重的共同方法偏差问题。

（二）多重共线性检验

多重共线性是指解释变量之间由于存在精确相关关系或高度相关关系而使模型估计失真或难以估计准确。一般采用方差膨胀因子（Variance Inflation Factor，VIF）来进行评估，VIF 越小，说明解释变量之间的多重共线性问题不严重，如果 VIF 大于10，则表明解释变量之间存在严重多重共线性。本书运用 SPSS 21.0 进行运算，结果显示所有解释变量的 VIF 值均介于1.468－4.756，处于建议标准之内，所以本书解释变量之间的多重共线性问题并不严重。

六、相关分析

利用 SPSS 21.0 对各变量的均值和标准差以及变量间的相关关系进行运算，结果表明角色内发言权、高参与组织方式、角色外发言权、工作疏离感、组织认同、互动公平和创新行为两两之间均存在显著相关关系，为后续回归分析提供了必要的前提。

表5.17　各变量均值、标准差和变量间相关系数

	均值	标准差	1	2	3	4	5	6
1.角色内发言权	3.358	0.909	1					
2.高参与组织方式	3.083	0.951	0.544**	1				
3.角色外发言权	2.468	0.704	0.391**	0.492**	1			
4.工作疏离感	2.775	0.966	−0.697**	−0.552**	−0.467**	1		
5.组织认同	3.095	1.045	0.609**	0.823**	0.496**	−0.666**	1	
6.互动公平	3.134	0.900	0.614**	0.630**	0.393**	−0.592**	0.693**	1
7.创新行为	2.233	0.978	0.544**	0.676**	0.500**	−0.610**	0.775**	0.638**

注：N=539，**表示p<0.01。

第五节　研究假设检验

本书采用SPSS 21.0和MPLUS 7.0来检验变量之间的关系，首先，进行直接效应的检验，具体检验员工参与三个维度与创新绩效、工作疏离感、组织认同之间的关系以及工作疏离感、组织认同与创新行为之间的关系。其次，进行中介效应检验，分别验证工作疏离感、组织认同的中介效应以及它们两者的双中介作用。再次，进行调节效应检验，检验互动公平对员工参与与创新行为之间关系的直接调节作用。再次，对有调节的中介模型进行检验，验证互动公平对双中介效应的调节作用。最后，对无中介、单中介、双中介和有调节的中介模型进行比较分析。

一、直接效应的检验

采用SPSS 21.0的层级回归方法来检验变量间的直接效应，具体检验员工参与三个维度（角色内发言权、高参与组织方式、角色外发言权）对创新行为、工作疏离感、组织认同是否存在显著影响以及工作疏离感、组织认同对创新行为是否存在显著影响。

（一）员工参与对创新行为的影响分析

首先，检验角色内发言权对创新行为的影响，表5.18中的模型2在模型1的基础上加入角色内发言权变量后，结果表明F值为83.033（$p<0.001$），β值为0.609（$p<0.001$），ΔR^2为0.370，表明角色内发言权对创新行为有正向显著影响。

然后，检验高参与组织方式对创新行为的影响，表5.18中的模型3在模型1的基础上加入高参与组织方式变量后，结果表明F值为93.223（$p<0.001$），β值为0.631（$p<0.001$），ΔR^2为0.398，表明高参与组织方式对创新行为有正向显著影响。

最后，检验角色外发言权对创新行为的影响，表5.18中的模型4在模型1的基础上加入角色外发言权变量后，结果表明F值为29.054（$p<0.001$），β值为0.409（$p<0.001$），ΔR^2为0.166，表明角色外发言权对创新行为有正向显著影响。

表5.18　员工参与对创新行为的回归分析

自变量		因变量（创新行为）			
		模型1	模型2	模型3	模型4
性别		−0.086	−0.065	−0.097	−0.096
年龄		0.062	0.044	0.051	0.104
学历		−0.024	−0.012	−0.032	−0.034
β值	角色内发言权	—	0.609	—	—
	高参与组织方式	—	—	0.631	—
	角色外发言权	—	—	—	0.409
F值		2.415	83.033***	93.223***	29.054***
R^2		0.013	0.383	0.411	0.179
调整R^2		0.008	0.379	0.407	0.173
ΔR^2		—	0.370	0.398	0.166

（二）员工参与对工作疏离感的影响分析

首先，检验角色内发言权对工作疏离感的影响，表5.19中的模型2在模型1的基础上加入角色内发言权变量后，结果表明F值为128.425（$p<0.001$），β值为-0.700（$p<0.001$），ΔR^2为0.488，表明角色内发言权对工作疏离感有负向显著影响。

然后，检验高参与组织方式对工作疏离感的影响，表5.19中的模型3在模型1的基础上加入高参与组织方式变量后，结果表明F值为58.853（$p<0.001$），β值为-0.551（$p<0.001$），ΔR^2为0.304，表明高参与组织方式对工作疏离感有负向显著影响。

最后，检验角色外发言权对工作疏离感的影响，表5.19中的模型4在模型1的基础上加入角色外发言权变量后，结果表明F值为38.334（$p<0.001$），β值为-0.473（$p<0.001$），ΔR^2为0.221，表明角色外发言权对工作疏离感有正向显著影响。

表5.19 员工参与对工作疏离感的回归分析

<table>
<tr><td colspan="2" rowspan="2">自变量</td><td colspan="4">因变量（工作疏离感）</td></tr>
<tr><td>模型1</td><td>模型2</td><td>模型3</td><td>模型4</td></tr>
<tr><td colspan="2">性别</td><td>−0.045</td><td>−0.070</td><td>−0.035</td><td>−0.033</td></tr>
<tr><td colspan="2">年龄</td><td>−0.018</td><td>0.002</td><td>−0.009</td><td>−0.067</td></tr>
<tr><td colspan="2">学历</td><td>0.015</td><td>0.001</td><td>0.021</td><td>0.027</td></tr>
<tr><td rowspan="3">β值</td><td>角色内发言权</td><td>—</td><td>−0.700</td><td>—</td><td>—</td></tr>
<tr><td>高参与组织方式</td><td>—</td><td>—</td><td>−0.551</td><td>—</td></tr>
<tr><td>角色外发言权</td><td>—</td><td>—</td><td>—</td><td>−0.473</td></tr>
<tr><td colspan="2">F值</td><td>0.407</td><td>128.425***</td><td>58.853***</td><td>38.334***</td></tr>
<tr><td colspan="2">R^2</td><td>0.002</td><td>0.490</td><td>0.306</td><td>0.223</td></tr>
<tr><td colspan="2">调整R^2</td><td>−0.003</td><td>0.486</td><td>0.301</td><td>0.217</td></tr>
<tr><td colspan="2">ΔR^2</td><td>—</td><td>0.488</td><td>0.304</td><td>0.221</td></tr>
</table>

（三）员工参与对组织认同的影响分析

首先，检验角色内发言权对组织认同的影响，表5.20中的模型2在模型1的基础上加入角色内发言权变量后，结果表明F值为80.231（$p<0.001$），β值为0.611（$p<0.001$），ΔR^2为0.371，表明角色内发言权对组织认同有正向显著影响。

其次，检验高参与组织方式对组织认同的影响，表5.20中的模型3在模型1的基础上加入高参与组织方式变量后，结果表明F值为282.988（$p<0.001$），β值为0.822（$p<0.001$），ΔR^2为0.675，表明高参与组织方式对工作疏离感有正向显著影响。

最后，检验角色外发言权对组织认同的影响，表5.20中的模型4在模型1的基础上加入角色外发言权变量后，结果表明F值为46.086（$p<0.001$），β值为0.506（$p<0.001$），ΔR^2为0.253，表明角色外发言权对组织认同有正向显著影响。

表5.20　员工参与对组织认同的回归分析

模型		因变量（组织认同）			
		模型1	模型2	模型3	模型4
	性别	0.044	0.066	0.030	0.032
	年龄	0.048	0.031	0.034	0.101
	学历	−0.007	0.005	−0.017	−0.020
β值	角色内发言权	—	0.611	—	—
	高参与组织方式	—	—	0.822	—
	角色外发言权	—	—	—	0.506
F值		0.645	80.231***	282.988***	46.086***
R^2		0.004	0.375	0.679	0.257
调整R^2		−0.002	0.371	0.677	0.251
ΔR^2		—	0.371	0.675	0.253

（四）工作疏离感、组织认同对创新行为的影响分析

检验工作疏离感对创新行为的影响，表 5.21 中的模型 2 在模型 1 的基础上加入工作疏离感变量后，结果表明 F 值为 77.517（$p<0.001$），β 值为 -0.596（$p<0.001$），ΔR^2 为 0.354，表明角色内发言权对组织认同有正向显著影响。

检验组织认同对创新行为的影响，表 5.21 中的模型 3 在模型 1 的基础上加入组织认同变量后，结果表明 F 值为 131.103（$p<0.001$），β 值为 0.696（$p<0.001$），ΔR^2 为 0.482，表明高参与组织方式对工作疏离感有正向显著影响。

表 5.21　工作疏离感和组织认同对创新行为的回归分析

模型		因变量（创新行为）		
		模型 1	模型 2	模型 3
性别		−0.086	−0.113	−0.117
年龄		0.062	0.051	0.028
学历		−0.024	−0.015	−0.019
β 值	工作疏离感	—	−0.596	—
	组织认同	—	—	0.696
F 值		2.415	77.517***	131.103***
R^2		0.013	0.367	0.495
调整 R^2		0.008	0.363	0.492
ΔR^2		—	0.354	0.482

二、中介效应的检验

本书采用 SPSS 21.0 的层级回归方法和 MPLUS 7.0 的 Bootstrap 分析方法分别检验工作疏离感、组织认同对员工参与（角色内发言权、高参与组织方式、角色外发言权）与创新行为之间关系的中介效应以及工作疏离感、组织认同对两者关系的双中介作用。

（一）工作疏离感的中介效应

第一，检验工作疏离感对角色内发言权与创新行为之间关系的中介效应。本书采用Baron和Kenny（1986）推荐的检验步骤。首先，当控制了性别、年龄和学历变量后，将角色内发言权对工作疏离感进行回归分析，$\beta=-0.700$，$p<0.001$，证明了角色内发言权对工作疏离感有显著影响。然后，将角色内发言权对创新行为进行回归分析，$\beta=0.609$，$p<0.001$，证明角色内发言权对创新行为有显著影响。最后，同时放入角色内发言权和工作疏离感对创新行为进行回归分析，角色内发言权（$\beta=0.377$，$p<0.001$）、工作疏离感（$\beta=-0.332$，$p<0.001$）显著影响创新行为，且模型3中角色内发言权的回归系数（$\beta=0.377$）小于模型2的回归系数（$\beta=0.609$），满足部分中介要求。

表5.22　工作疏离感对角色内发言权与创新行为之间关系的中介作用

模型		模型1（工作疏离感）	模型2（创新行为）	模型3（创新行为）
性别		−0.070	−0.065	−0.088
年龄		0.002	0.044	0.045
学历		0.001	−0.012	−0.012
β值	角色内发言权	−0.700	0.609	0.377
	工作疏离感	—	—	−0.332
F值		128.425***	83.033***	83.654***
R^2		0.490	0.383	0.440
调整R^2		0.486	0.379	0.434
ΔR^2		—	—	0.132

第二，检验工作疏离感对高参与组织方式与创新行为之间关系的中介效应。首先，当控制了性别、年龄和学历变量后，将高参与组织方式对工作疏离感进行回归分析，$\beta=-0.551$，$p<0.001$，证明高参与组织方式对工作疏离感有显著影响。然后，对高参与组织方式对创新行为进行回归分析，$\beta=0.631$，$p<0.001$，证明高参与组织方式对创新行为有显著影响。最后，同时放入高参

与组织方式和工作疏离感对创新行为进行回归分析，高参与组织方式（$\beta=0.435$，$p<0.001$）、工作疏离感（$\beta=-0.355$，$p<0.001$）显著影响创新行为，且模型3中高参与组织方式的回归系数（$\beta=0.435$）小于模型2的回归系数（$\beta=0.631$），满足部分中介的要求。

表5.23 工作疏离感对高参与组织方式与创新行为之间关系的中介作用

模型		模型1（工作疏离感）	模型2（创新行为）	模型3（创新行为）
性别		−0.035	−0.097	−0.110
年龄		0.009	0.051	0.048
学历		0.021	−0.032	−0.024
β值	高参与组织方式	−0.551	0.631	0.435
	工作疏离感	—	—	−0.355
F值		58.853***	93.223***	106.122***
R^2		0.306	0.411	0.499
调整R^2		0.301	0.407	0.494
ΔR^2		—	—	0.087

第三，检验工作疏离感对角色外发言权与创新行为之间关系的中介效应。当控制了性别、年龄和学历变量后，将角色外发言权对工作疏离感进行回归分析，$\beta=-0.473$，$p<0.001$，证明了角色外发言权对工作疏离感有显著影响。然后，将角色内发言权对创新行为进行回归分析，$\beta=0.409$，$p<0.001$，证明角色外发言权对创新行为有显著影响。最后，同时放入角色外发言权和工作疏离感对创新行为进行回归分析，角色外发言权（$\beta=0.164$，$p<0.001$）、工作疏离感（$\beta=-0.519$，$p<0.001$）显著影响创新行为，且模型3中角色内发言权的回归系数（$\beta=0.164$）小于模型2的回归系数（$\beta=0.409$），满足部分中介要求。

表5.24 工作疏离感对角色外发言权与创新行为之间关系的中介作用

模型	模型1（工作疏离感）	模型2（创新行为）	模型3（创新行为）
性别	−0.033	−0.096	−0.113

续表

模型		模型1 （工作疏离感）	模型2 （创新行为）	模型3 （创新行为）
	年龄	−0.067	0.104	0.069
	学历	0.027	−0.034	−0.021
β值	角色外发言权	−0.473	0.409	0.164
	工作疏离感	—	—	−0.519
F值		30.334***	29.054***	67.579***
R^2		0.223	0.179	0.388
调整R^2		0.217	0.173	0.382
ΔR^2		—	—	0.209

　　为了进一步检验工作疏离感对员工参与与创新行为之间关系的中介作用，需要对中介效应的显著性进行检验。Bootstrap方法适用于中小规模的样本检验，在95%置信区间是否包含0来判定中介效应是否显著（Mackinnon et al.，2002）。本书采用MPLUS 7.0软件分析进行路径分析，采用Bootstrap（5000）方法。检验结果表明，员工参与的三个维度（角色内发言权、高参与组织方式和角色外发言权）通过工作疏离感对创新行为影响的标准化间接效应95%置信区间不包含0，所以工作疏离感的中介效应显著。具体检验结果见表5.25。

表5.25　工作疏离感中介作用的Bootstrap分析

自变量	中介变量	因变量	完全标准化 间接效应	95%置信区间	
				下限	上限
角色内发言权	工作疏离感	创新行为	0.222	0.166	0.278
高参与组织方式	工作疏离感	创新行为	0.194	0.147	0.240
角色外发言权	工作疏离感	创新行为	0.243	0.193	0.294

（二）组织认同的中介效应

　　第一，检验组织认同对角色内发言权与创新行为之间关系的中介效应。首先，当控制了性别、年龄和学历变量后，将角色内发言权对组织认同进行回归分析，β=0.611，p<0.001，证明角色内发言权对组织认同有显著影响。然后，将角色内发言权对创新行为进行回归分析，β=0.609，p<0.001，证明角色内发言权对创新行为有显著影响。最后，同时放入角色内发言权和组织认同对创新行为进行回归分析，角色内发言权（β=0.294，p<0.001）、组织认同（β=-0.516，p<0.001）显著影响创新行为，且模型3中角色内发言权的回归系数（β=0.294）小于模型2的回归系数（β=0.609），满足部分中介要求。

表5.26　组织认同对角色内发言权与创新行为之间关系的中介作用

模型		模型1（组织认同）	模型2（创新行为）	模型3（创新行为）
性别		0.006	−0.065	−0.098
年龄		0.031	0.044	0.028
学历		0.005	−0.012	−0.014
β值	角色内发言权	0.611	0.609	0.294
	组织认同	—	—	0.516
F值		80.321***	83.033***	130.086***
R^2		0.375	0.383	0.550
调整R^2		0.371	0.379	0.545
ΔR^2		—	—	0.166

第二，检验组织认同对高参与组织方式与创新行为之间关系的中介效应。首先，当控制了性别、年龄和学历变量后，将高参与组织方式对组织认同进行回归分析，β=0.822，p<0.001，证明了高参与组织方式对组织认同有显著影响。然后，将参与组织方式对创新行为进行回归分析，β=0.631，p<0.001，证明高参与组织方式对创新行为有显著影响。最后，同时放入高参与组织方式和组织认同对创新行为进行回归分析，高参与组织方式（β=0.183，p<0.001）、组织认同（β=-0.545，p<0.001）显著影响创新行为，且模型3中高参与组织方式的回归系数（β=0.183）小于模型2的回归系数（β=0.631），满足部分中介要求。

表5.27　组织认同对高参与组织方式与创新行为之间关系的中介作用

模型		模型1 （组织认同）	模型2 （创新行为）	模型3 （创新行为）
	性别	0.030	−0.097	−0.113
	年龄	0.034	0.051	0.032
	学历	−0.017	−0.032	−0.022
β值	高参与组织方式	0.822	0.631	0.183
	组织认同	—	—	0.545
F值		282.998***	93.223***	109.296***
R^2		0.679	0.411	0.506
调整R^2		0.677	0.407	0.502
ΔR^2		—	—	0.095

第三，检验组织认同对角色外与创新行为之间关系的中介效应。首先，当控制了性别、年龄和学历变量后，将角色外发言权对组织认同进行回归分析，β=0.506，$p<0.001$，证明了角色外发言权对组织认同有显著影响。然后，将角色外发言权对创新行为进行回归分析，β=0.409，$p<0.001$，证明角色外发言权对创新行为有显著影响。最后，同时放入角色外发言权和组织认同对创新行为进行回归分析，角色外发言权（β=0.077，$p<0.001$）、组织认同（β=−0.657，$p<0.001$）显著影响创新行为，且模型3中角色外发言权的回归系数（β=0.077）小于模型2的回归系数（β=0.409），满足部分中介要求。

表5.28　组织认同对角色外发言权与创新行为之间关系的中介作用

模型		模型1 （组织认同）	模型2 （创新行为）	模型3 （创新行为）
	性别	0.032	−0.096	−0.117
	年龄	0.101	0.104	0.038
	学历	−0.020	−0.034	−0.021
β值	角色外发言权	0.506	0.409	0.077
	组织认同	—	—	0.657
F值		46.086***	29.054***	106.511***

续表

模型	模型1 （组织认同）	模型2 （创新行为）	模型3 （创新行为）
R^2	0.257	0.179	0.500
调整 R^2	0.251	0.173	0.495
ΔR^2	—	—	0.322

为了进一步检验组织认同对员工参与与创新行为之间关系的中介作用，需要对中介效应的显著性进行检验。采用MPLUS7.0软件分析进行路径分析，采用Bootstrap（5000）方法。检验结果表明，员工参与的三个维度（角色内发言权、高参与组织方式和角色外发言权）通过组织认同对创新行为影响的标准化间接效应95%置信区间不包含0，所以组织认同的中介效应显著。检验结果见表5.29。

表5.29　组织认同中介作用的Bootstrap分析

自变量	中介变量	因变量	完全标准化 间接效应	95%置信区间	
				下限	上限
角色内发言权	组织认同	创新行为	0.309	0.268	0.350
高参与组织方式	组织认同	创新行为	0.445	0.371	0.519
角色外发言权	组织认同	创新行为	0.328	0.286	0.369

（三）双中介检验

采用用MPLUS 7.0软件，检验工作疏离感和组织认同在员工参与（角色内发言权、高参与组织方式、角色外发言权）与创新行为之间的双中介作用。

检验角色内绩效是否通过工作疏离感和组织认同的双中介影响创新行为。前文已经检验证明了工作疏离感在角色内绩效与创新行为之间的中介作用，也证明了组织认同在角色内绩效与创新行为之间的中介作用。所以这一阶段同时放入角色内发言权、工作疏离感和组织认同对创新行为进行回归分析，结果表明：角色内发言权（$\beta=0.259$，$p<0.001$）、工作疏离感（$\beta=-0.098$，$p<$

0.05）、组织认同（β=0.469，$p<0.001$）显著影响创新行为。且回归系数（β=-0.259）小于前文主效应的回归系数（β=-0.609），满足部分中介的条件。

表5.30　工作疏离感和组织认同的双中介作用（角色内发言权）

变量	因变量（创新行为）		
	β	SE	p
工作疏离感	−0.098	0.045	0.043
组织认同	0.469	0.043	0.000
角色内发言权	0.259	0.045	0.000

检验高参与组织方式是否通过工作疏离感和组织认同的双中介影响创新行为。前文已经检验证明了工作疏离感在高参与组织方式与创新行为之间的中介作用，也证明了组织认同在高参与组织方式与创新行为之间的中介作用。所以这一阶段同时放入高参与组织方式、工作疏离感和组织认同对创新行为进行回归分析，结果表明：高参与组织方式（β=-0.182，$p<0.001$）、工作疏离感（β=-0.233，$p<0.05$）、组织认同（β=0.387，$p<0.001$）显著影响创新行为。且回归系数（β=0.182）小于前文主效应的回归系数（β=-0.631），满足部分中介的条件。

表5.31　工作疏离感和组织认同的双中介作用（高参与组织方式）

变量	因变量（创新行为）		
	β	SE	p
工作疏离感	−0.233	0.042	0.000
组织认同	0.387	0.051	0.000
高参与组织方式	0.182	0.054	0.001

检验角色外发言权是否通过工作疏离感和组织认同的双中介影响创新行为。前文已经检验证明了工作疏离感在角色外发言权与创新行为之间的中介作用，也证明了组织认同在角色外发言权与创新行为之间的中介作用。所以这一阶段同时放入角色外、工作疏离感和组织认同对创新行为进行回归分析，结果表明：工作疏离感（β=-0.228，$p<0.05$）、组织认同（β=0.529，$p<$

0.001）显著影响创新行为，角色外发言权（β=0.024，p>0.05）对创新行为的影响不显著，满足完全中介的条件。

表5.32　工作疏离感和组织认同的双中介作用（角色外发言权）

变量	因变量：创新行为		
	β	SE	p
工作疏离感	−0.228	0.045	0.000
组织认同	0.529	0.040	0.000
角色外发言权	0.024	0.049	0.527

为了进一步检验工作疏离感和组织认同对员工参与与创新行为之间关系的双中介作用，本书通过MPLUS 7.0采用Bootstrap方法对中介效应的显著性进行检验，检验结果表明：员工参与的三个维度（角色内发言权、高参与组织方式和角色外发言权）通过工作疏离感和组织认同对创新行为影响的标准化间接效应95%置信区间不包含0，所以工作疏离感和组织认同的双中介效应显著。

表5.33　工作疏离感和组织认同双中介的Bootstrap分析

自变量	中介变量	因变量	完全标准化间接效应	95%置信区间	
				下限	上限
角色内发言权	工作疏离感组织认同	创新行为	0.367	0.315	0.419
高参与组织方式	工作疏离感组织认同	创新行为	0.451	0.379	0.522
角色外发言权	工作疏离感组织认同	创新行为	0.375	0.330	0.420

三、调节效应的检验

采用SPSS 21.0软件的层级回归方法对互动公平在员工参与与创新行为之间关系的直接调节效应进行检验。首先，在回归分析中放入控制变量，包括性别、年龄和学历。其次，放入自变量和调节变量。最后，放入自变量和调节变量的乘积项（或交互项），并将自变量和调节变量中心化（用每个变量的观测值减去均值），从而避免回归方程的多重共线性问题。

（一）互动公平对角色内发言权与创新行为之间关系的调节作用

表5.34的数据表明，互动公平对角色内发言权与创新行为之间关系的调节效应显著（F值为98.588，交互项系数为0.056，$p<0.1$）。

表5.34　互动公平对角色内发言权与创新行为之间关系的调节作用

模型	模型1	模型2	模型3
性别	−0.086*	−0.101**	−0.098**
年龄	0.062	0.059	0.050
学历	−0.024	0.008	0.010
角色内发言权	—	0.363***	0.365***
互动公平	—	0.450***	0.459***
角色内发言权×互动公平	—	—	0.056⁺
F值	2.415	117.137***	98.588***
R^2	0.013	0.524	0.526
调整R^2	0.008	0.519	0.521
ΔR^2	—	0.511	0.003

（二）互动公平对高参与组织方式与创新行为之间关系的调节作用

表5.35的数据表明，互动公平对高参与组织方式与创新行为之间关系的调节效应不显著（F值为89.354，交互项系数为0.047，$p>0.1$）。

表5.35　互动公平对高参与组织方式与创新行为之间关系的调节作用

模型	模型1	模型2	模型3
性别	−0.086*	−0.118***	−0.116***
年龄	0.062	0.062*	0.059
学历	−0.024	−0.006	0.006

模型	模型1	模型2	模型3
高参与组织方式	—	0.355***	0.353***
互动公平	—	0.407***	0.421***
高参与组织方式×互动公平	—	—	0.047
F值	2.415	106.565***	89.354***
R^2	0.013	0.500	0.502
调整R^2	0.008	0.495	0.496
ΔR^2	—	0.487	0.001

（三）互动公平对角色外发言权与创新行为之间关系的调节作用

表5.36的数据表明，互动公平对角色外发言权与创新行为之间关系的调节效应不显著（F值为70.169，交互项系数为−0.034，$p>0.1$）。

表5.36　互动公平对角色外发言权与创新行为之间关系的调节作用

模型	模型1	模型2	模型3
性别	−0.086*	−0.126**	−0.127**
年龄	0.062	0.083*	0.086*
学历	−0.024	0.006	0.004
角色外发言权	—	0.110**	0.107**
互动公平	—	0.594***	0.581***
角色外发言权×互动公平	—	—	−0.034
F值	2.415	84.037***	70.169***
R^2	0.013	0.441	0.442
调整R^2	0.008	0.436	0.435
ΔR^2	—	0.428	0.001

四、有调节的中介效应检验

当中介效应受到调节变量的影响时，就形成了被调节的中介模型（Edwards & Lambert，2007）。本书依照温忠麟和叶宝娟（2014）提出的被调节的中介模型检验程序，检验互动公平对工作疏离感、组织认同中介的调节效应。

根据温忠麟和叶宝娟（2014）提出的被调节的中介效应检验程序，需要对三个回归方程的参数进行估计：

第一，做因变量对自变量和调节变量及二者交互项的回归，即

$$Y=c_0+c_1X+c_2U+c_3UX+\mu_1$$

其中，Y 为因变量，X 为自变量，U 为调节变量，c_0 为常数项，c_1、c_2 和 c_3 为各变量的回归系数，μ_1 为回归残差项。

第二，做中介变量对自变量和调节变量及二者交互项的回归，即

$$W=a_0+a_1X+a_2U+a_3UX+\mu_2$$

其中，W 为中介变量，a_0 为常数项，a_1、a_2 和 a_3 为各变量的回归系数，μ_2 为回归残差项。

第三，做因变量对自变量、中介变量、调节变量、及调节变量与自变量交互项的回归，即

$$Y=c_0{'}+c_1{'}X+c_2{'}U+c_3{'}UX+b_1W+b_2UW+\mu_3$$

其中，$c_0{'}$ 为常数项，$c_1{'}$、$c_2{'}$、b_1、$c_3{'}$ 为各变量的回归系数，μ_3 为回归残差项。

因为本书设计工作疏离感和组织认同两个中介，因此本书对三个回归方程进行调整：

第一，做因变量对自变量和调节变量及二者交互项的回归，即

$$Y=c_0+c_1X+c_2U+c_3UX+\mu_1$$

其中，Y 为创新行为，X 为员工参与（角色内发言权、高参与组织方式），U 为互动公平，c_0 为常数项，c_1、c_2 和 c_3 为各变量的回归系数，μ_1 为回归残差项。

第二，做中介变量对自变量和调节变量及二者交互项的回归，即

$$W_1=a_0+a_1X+a_2U+a_3UX+\mu_2$$

$$W_2=e_0+e_1X+e_2U+e_3UX+\mu_3$$

其中，W_1为工作疏离感，W_2为组织认同，a_0为常数项，a_1、a_2、a_3及e_1、e_2、e_3为各变量的回归系数。μ_2、μ_3分别为两个回归方程的残差项。

第三，做因变量对自变量、中介变量1、中介变量2、调节变量及调节变量与自变量交互项的回归，即

$$Y=c_0'+c_1'X+c_2'U+c_3'UX+b_1W_1+b_2W_2+\mu_4$$

其中，c_0'为常数项，c_1'、c_2'、c_3'、b_1、b_2为各变量的回归系数，μ_4为回归残差项。

方程5.5可以改写成$W_1=a_0+a_2U+\left(a_1+a_3U\right)X+\mu_2$，所以$X$对$W_1$的效应为$a_1+a_3U$；方程5.6可以改写成$W_2=e_0+e_2U+\left(e_1+e_3U\right)X+\mu_3$，所以$X$对$W_2$的效应为$e_1+e_3U$；由方程5.7可知$W_1$对$Y$的效应为$b_1$，$W_2$对$Y$的效应为$b_2$。因此$X$经过$W$对$Y$的中介效应为$\left(a_1+a_3U\right)*b_1+\left(e_1+e_3U\right)*b_2$。

根据温忠麟和叶宝娟（2014）的观点，如果a_3、b_1或e_3、b_2两组系数有一组乘积不为0，就说明中介效应被调节。

（一）互动公平对工作疏离感、组织认同在角色内发言权与创新行为之间的中介效应的调节作用

在互动公平对双中介效应的调节作用中，角色内发言权对创新行为影响的路径系数分别为：$a_1=-0.516$（$p<0.001$），$a_3=0.096$（$p<0.001$），$b_1=-0.082$（$p<0.1$），$e_1=0.266$（$p<0.001$），$e_3=0.013$（$p>0.05$），$b_2=-0.337$（$p<0.001$）。中介效应即

$$Me=\left(a_1+a_3U\right)*b_1+\left(e_1+e_3U\right)*b_2$$
$$=0.100-0.008U$$

所以中介效应值与U有关，或者说随着U变化而变化，因此中介效应是被调节的，即互动公平对中介效应的调节作用显著。

（二）互动公平对工作疏离感、组织认同在高参与组织方式与创新行为之间的中介效应的调节作用

在互动公平对双中介效应的调节作用中，高参与组织方式对创新行为影响的路径系数分别为：$a_1=-0.254$（$p<0.001$），$a_3=-0.032$（$p>0.05$），$b_1=-0.197$

（$p<0.1$），$e_1=0.551$（$p<0.001$），$e_3=0.001$（$p>0.05$），$b_2=0.280$（$p<0.001$）。中介效应即

$$Me=(a_1+a_3U)*b_1+(e_1+e_3U)*b_2$$
$$=0.204$$

根据温忠麟和叶宝娟（2014）的建议，如果依次检验结果是不显著的，下一步是使用非参数百分位Bootstrap法对系数乘积做区间检验，检验结果表明：a_3b_1的95%置信区间为[-0.004，0.016]，e_3b_2的95%置信区间为[-0.006，0.008]，所以乘积的区间检验结果不显著。需要进行再下一步检验中介效应的最大值与最小值之差，检验结果表明差异的95%置信区间为[-0.015，0.038]，所以已经可以认定（a_1+a_3U）*b_1+（e_1+e_3U）*b_2不随U变化，即中介效应不受U的调节。

（三）互动公平对工作疏离感、组织认同在角色外发言权与创新行为之间的中介效应的调节作用

在互动公平对双中介效应的调节作用中，角色外发言权对创新行为影响的路径系数分别为：$a_1=-0.214$（$p<0.001$），$a_3=0.010$（$p>0.05$），$b_1=-0.198$（$p<0.1$），$e_1=0.137$（$p<0.001$），$e_3=-0.085$（$p<0.001$），$b_2=0.403$（$p<0.001$）。中介效应即

$$Me=(a_1+a_3U)*b_1+(e_1+e_3U)*b_2$$
$$=0.097-0.034U$$

所以中介效应值与U有关，或者说随着U变化而变化，因此中介效应是被调节的，即互动公平对中介效应的调节效应显著。

五、模型比较

采用SPSS 21.0和MPLUS 7.0，对员工参与（角色内发言权、高参与组织方式、角色外发言权）影响创新行为的各个模型进行比较，具体包括无中介、单中介（工作疏离感）、单中介（组织认同）、双中介和被调节的中介等5个模型。

检验结果表明对于角色内发言权，单中介模型优于无中介模型（ΔR^2=0.053；ΔR^2=0.162，p<0.001），双中介模型优于单中介模型（ΔR^2=0.113；ΔR^2=0.004，p<0.001），被调节的中介模型优于双中介模型（ΔR^2=0.020，p<0.001）。

表5.37　角色内发言权对创新行为的影响模型比较

模型	模型1	模型2	模型3	模型4	模型5
类型	无中介	单中介（工作疏离感）	单中介（组织认同）	双中介	被调节的中介
角色内发言权	0.613***	0.391***	0.304***	0.259***	0.243***
工作疏离感	—	−0.319***	—	−0.098*	−0.088*
组织认同	—	—	0.507***	0.469***	0.337***
互动公平	—	—	—	—	0.206***
交互项	—	—	—	—	0.076*
R^2	0.376	0.429	0.538	0.542	0.562
ΔR^2	—	0.053***	0.162***	0.113*** 0.004***	0.020***

注：交互项表示角色内发言权×互动公平。

对于高参与组织方式，检验结果表明单中介模型优于无中介模型（ΔR^2=0.085，ΔR^2=0.094，p<0.001），双中介模型优于单中介模型（ΔR^2=0.039，ΔR^2=0.030，p<0.001），被调节的中介模型没有通过显著性检验。

表5.38　高参与组织方式对创新行为的影响模型比较

模型	模型1	模型2	模型3	模型4	模型5
类型	无中介	单中介（工作疏离感）	单中介（组织认同）	双中介	被调节的中介
高参与组织方式	0.630***	0.436***	0.185**	0.259***	0.157**
工作疏离感	—	−0.351***	—	−0.098*	−0.197*
组织认同	—	—	0.540***	0.469***	0.280***
互动公平	—	—	—	—	0.209**
交互项	—	—	—	—	0.051

续表

模型	模型1	模型2	模型3	模型4	模型5
类型	无中介	单中介 （工作疏离感）	单中介 （组织认同）	双中介	被调节的 中介
R^2	0.397	0.482	0.491	0.521	0.537
ΔR^2	—	0.085***	0.094***	0.039*** 0.030***	—

注：交互项表示高参与组织方式×互动公平。

对于角色外发言权，检验结果表明单中介模型优于无中介模型（ΔR^2=0.212；ΔR^2=0.327，$p<0.001$），双中介模型优于单中介模型（ΔR^2=0.144；ΔR^2=0.028，$p<0.001$），被调节的中介模型通过检验。但是相对于双中介模型，被调节的中介模型与双中介模型差异不显著（ΔR^2=0.014，$p>0.05$），遵循简洁性的原则，本书认为双中介模型是较为理想的模型。

表5.39　角色外发言权对创新行为的影响模型比较

模型	模型1	模型2	模型3	模型4	模型5
类型	无中介	单中介 （工作疏离感）	单中介 （组织认同）	双中介	被调节的 中介
角色外发言权	0.393***	0.150***	0.066*	0.024	−0.001
工作疏离感	—	−0.522**	—	−0.228***	−0.198***
组织认同	—	—	0.660***	0.529***	0.403***
互动公平	—	—	—	—	0.214**
交互项	—	—	—	—	0.019
R^2	0.155	0.367	0.483	0.511	0.525
ΔR^2	—	0.212***	0.327***	0.144*** 0.028***	0.014

注：交互项表示角色外发言权×互动公平。

综合以上研究检验结果，结合前文提出的研究假设，归纳总结研究假设检验情况，具体见表5.40。

表5.40　研究假设检验情况汇总表

序号	假设内容	结果
假设1	员工参与正向影响员工创新行为	—
假设1a	角色内发言权正向影响员工创新行为	支持
假设1b	高参与组织方式正向影响员工创新行为	支持
假设1c	角色外发言权正向影响员工创新行为	支持
假设2	员工参与负向影响工作疏离感	—
假设2a	角色内发言权负向影响工作疏离感	支持
假设2b	高参与组织方式负向影响工作疏离感	支持
假设2c	角色外发言权负向影响工作疏离感	支持
假设3	工作疏离感负向影响员工创新行为	支持
假设4	员工参与通过工作疏离感的中介作用影响员工创新行为	—
假设4a	角色内发言权通过工作疏离感的中介作用影响员工创新行为	支持
假设4b	高参与组织方式通过工作疏离感的中介作用影响员工创新行为	支持
假设4c	角色外发言权通过工作疏离感的中介作用影响员工创新行为	支持
假设5	员工参与正向影响组织认同	—
假设5a	角色内发言权正向影响组织认同	支持
假设5b	高参与组织方式正向影响组织认同	支持
假设5c	角色外发言权正向影响组织认同	支持
假设6	组织认同正向影响员工创新行为	支持
假设7	员工参与通过组织认同的中介作用影响员工创新行为	—
假设7a	角色内发言权通过组织认同的中介作用影响员工创新行为	支持
假设7b	高参与组织方式通过组织认同的中介作用影响员工创新行为	支持
假设7c	角色外发言权通过组织认同的中介作用影响员工创新行为	支持
假设8	互动公平调节员工参与与创新行为之间的关系	—
假设8a	互动公平调节角色内发言权与创新行为之间的关系	支持
假设8b	互动公平调节高参与组织方式与创新行为之间的关系	不支持
假设8c	互动公平调节角色外发言权与创新行为之间的关系	不支持

续表

序号	假设内容	结果
假设9	互动公平调节工作疏离感和组织认同的中介效应	—
假设9a	互动公平调节工作疏离感和组织认同的中介效应	支持
假设9b	互动公平调节工作疏离感和组织认同的中介效应	不支持
假设9c	互动公平调节工作疏离感和组织认同的中介效应	不支持

第六章 研究结论和研究展望

首先对前文理论研究部分和实证研究结果进行归纳,提炼研究结论,然后阐述本书的理论贡献和对组织管理实践的启示,最后提出本书的局限与不足,并在此基础上对未来研究进行展望。

第一节 研究结论与讨论

在对相关文献进行回顾和梳理的基础上,本书首先从劳动关系和人力资源管理的双重视角对员工参与的概念和维度进行重新界定。然后以员工参与的动因为切入点,构建了员工参与对创新行为影响的理论框架。在此基础之上,通过变量的选择构建实证研究模型,并依据自我决定理论、工作特征模型和社会认同理论提出研究假设。最后通过539套样本数据对实证研究模型和研究假设进行检验,主要研究结论如下:

一、员工参与对创新行为影响的研究结论

已有员工参与对结果产出的影响研究积累了大量的文献,在个体层面主要体现在组织承诺、组织信任、组织公民行为和工作绩效等方面(Macy & Peterson, 1983; Witt & Meyers, 1992; Chen & Aryee, 2007; Liu et al., 2012),而在已有文献中对"员工参与—创新行为"的研究相对不足。员工参与能够激发员工的创新动机和创造性构想,也能够提供创新的机会和可能性。因此,本书将创新行为作为员工参与的结果产出并展开实证研究。实证

检验结果表明，员工参与（角色内发言权、高参与组织方式和角色外发言权）对创新行为均有正向的影响，且角色内发言权和高参与组织方式对创新行为的影响程度大于角色外发言权的影响。

具体而言，增加员工参与能够给予员工工作范畴和超出工作范畴的影响力和决策权，从而满足员工自主的需要；也能够促进管理者与员工及员工之间的信息沟通和知识分享，满足员工能力和归属的需要。根据自我决定理论，当外部环境能够满足员工自主、能力和归属这三种基本需要时，就能够激发员工内部动机，有利于促进员工的积极行为。

二、工作疏离感中介作用的研究结论

已有员工参与影响机制的研究大多基于人力资源管理的视角，探讨心理授权、组织信任、组织自尊等动机状态在员工参与与结果产出之间的中介作用（Chen & Aryee，2007；Liu et al.，2012；程德俊，宋哲和王蓓蓓，2010）。本书认为除了动机因素以外，创造性构想及创新的机会和可能性对创新行为的产生更为重要，而现实中员工主体性地位缺乏在客观上不利于创造性构想的产生，也削弱了员工创新的机会和可能性。增加员工参与能够提升员工主体性地位，能够促进创造性构想的产生，也有利于员工将创造性构想转化为创新行为。因此，本书从劳动关系视角提出"员工参与—员工主体地位—创新行为"的影响路径，并引入工作疏离感作为员工主体地位的代理变量展开实证研究。检验结果表明，员工参与（角色内发言权、高参与组织方式和角色外发言权）显著负向影响工作疏离感，而工作疏离感又显著负向影响创新行为。中介效应检验结果表明，员工参与通过工作疏离感显著正向影响创新行为。

具体而言，首先，员工参与显著影响工作疏离感（无力感、无意义感、自我疏离感），根据工作特征模型，增加员工参与在本质上是改变了工作的自主性、多样性等基本特征，而工作特征又是工作疏离感最主要的预测因子。其次，工作疏离感显著影响创新行为，工作疏离在主观上削弱了员工创新的意愿和动机，在客观上削减了员工进行创造性工作的机会和可能。因此，员工参与通过工作疏离感正向影响员工创新行为。

三、组织认同中介作用的研究结论

已有研究将社会交换理论作为员工参与对结果产出影响的主要解释理论（蒋建武和赵珊，2017；Messersmith，Patel & Lepak，2011；Boon & Kalshoven，2014）。本书认为采用社会交换理论解释员工创新行为产生上略显乏力。因此，本书基于社会认同理论来探索员工参与对创新行为影响的过程机制，并引入组织认同这一中介变量展开实证研究。直接效应检验结果表明，员工参与的三个维度显著正向影响组织认同，而组织认同又显著正向影响创新行为。中介效应检验结果表明，员工参与的三个维度通过组织认同显著正向影响创新行为。

具体而言，首先，员工参与显著影响组织认同。增加员工参与能够促进管理者与员工及员工之间的信息沟通和知识共享，有利于促进员工在目标、价值观等方面与组织保持一致，也能够传达组织对员工的尊重和欣赏，促进员工自我概念的提升和降低员工的不确定性感知，进而提高员工的组织认同。其次，组织认同显著影响创新行为，员工成员感、忠诚度和相似性（组织认同）能够促进员工创新的动机和创造性构想的产生。因此，员工参与通过组织认同正向影响创新行为。

四、互动公平调节作用的研究结论

已有研究表明员工参与对结果的影响依赖于不同的情境因素，具体有外部环境动态性、技术或行业特征、领导方式及个体特征等（Datta，Guthrie & Wright，2005；Jiang，Chuang & Chiao，2015；Lam et al.，2002）。Folger 和 Cropanzano，（1998）提出一项决策既包括正式的组织结构和制度框架，也包括制度执行者与员工之间的非正式互动关系。因此，本书以管理者行为方式作为员工参与对创新行为影响的情境因素，并以互动公平作为代理变量展开实证研究。

对于角色内发言权，直接调节效应检验结果表明互动公平显著调节角色内发言权与创新行为之间的关系，被调节的中介检验结果表明互动公平显著调节工作疏离感和组织认同的双中介效应，但是对工作疏离感的中介效应的调节作用显著，对组织认同的中介效应的调节作用不显著。当互动公平程度很高时，角色内发言权对工作疏离感的负向影响会减弱，进而也就削弱了工作疏离感对创新行为的负向影响，反之，互动公平程度较低时，角色内发言权对工作疏离感的负向影响会加强，进而也就增强了工作疏离感对创新行为的负向影响。

对于高参与组织方式，直接调节效应检验结果表明互动公平对高参与组织方式与创新行为之间关系的调节作用不显著，被调节的中介检验结果表明，互动公平对工作疏离感和组织认同的双中介效应的调节作用不显著。原因可能在于，高参与组织方式强调直接的员工参与形式，比如工作团队、问题解决小组等，在这种组织方式下，员工与管理者之间本身就处于一种比较平等的沟通和交流状态，因此，高参与组织方式与互动公平有一定的重合，导致调节效应的不显著。另外，研究结论说明互动公平并不会在很大程度上促进高参与组织方式对员工创新行为的影响，但这并不妨碍高参与组织方式和互动公平都对员工创新行为有显著的促进作用。

对于角色外发言权，直接调节效应检验结果表明互动公平对角色外发言权与创新行为之间关系的调节作用不显著，被调节的中介检验结果表明，互动公平显著调节工作疏离感和组织认同的双中介作用，但是通过模型比较分析，被调节的中介模型与双中介模型之间没有显著差异，因此，基于简洁性的原则，本书认为互动公平对中介效应的调节作用不理想。原因可能在于，角色外发言权强调工作场所之外的发言权和间接参与机制，组织层次的信息分享、工会作用、经济参与等是其关注的焦点，员工对这些事务感知和判断相对比较客观和固定，不容易因管理者的因素而发生较大的变化，因此，互

动公平的调节效应可能不显著。另外，研究结论说明互动公平不会很大程度
上促进角色外发言权对员工创新行为的影响，但这也不妨碍角色外参与和互
动公平都对员工创新行为有显著的促进作用。

五、各模型比较的研究结论

本书认为人力资源管理和劳动关系双重视角的研究能够更加全面、系统
地揭示员工参与对创新行为影响的中间机制。本书构建了无中介、单中介、
双中介和有调节的中介等多个统计模型，并对各个模型对研究问题的解释力
进行了比较。

对于角色内发言权，实证检验结果表明被调节的中介模型（中介变量：
工作疏离感和组织认同；调节变量：互动公平）检验结果显著，且优于双中
介模型（中介变量：工作疏离感和组织认同），工作疏离感和组织认同的中
介效应得到验证，互动公平对中介效应的调节作用也得到验证（对工作疏离感
中介作用的调节效应显著，对组织认同中介作用的调节效应不显著）。具体而
言，角色内发言权强调工作场所的影响力和决策权，有利于降低员工的工作疏
离感，也能够增强员工的组织认同感，进而积极影响创新行为。在这一过程
中，互动公平发挥了调节作用，在高互动公平水平下，角色内发言权工作疏离
感的负向影响会被削弱（显著），角色内发言权与组织认同的正向影响被加强
（不显著），进而有利于促进角色内发言权对创新行为的积极影响。

对于高参与组织方式，实证检验结果表明，被调节的中介模型（中介变
量：工作疏离感和组织认同；调节变量：互动公平）检验结果不显著，但双
中介模型（中介变量：工作疏离感和组织认同）检验结果显著。具体而言，
高参与组织方式强调问题解决小组、质量圈等直接参与形式，这些直接参与
形式能够降低员工的工作疏离感，也能够增强员工的组织认同，进而正向影
响创新行为。

对于角色外发言权，实证检验结果表明，被调节的中介模型检验和双中
介检验结果均通过验证，但是两个模型的差异并不显著，遵循简洁性的原

则，本书认为双中介模型更为理想。角色外发言权强调员工更广泛的发言权和间接参与机制，员工对工作的疏离感能够减弱，而对组织的认同能得到提升，进而积极影响创新行为。

第二节　理论贡献和实践启示

一、理论贡献

（一）突破已有文献和概念的局限，拓展了员工参与的概念、维度和测量

已有文献分别从劳动关系视角和人力资源管理视角对员工参与展开研究，两种视角下员工参与的概念、维度和测量等存在很大分歧。本书基于劳动关系与人力资源管理的双重视角，整合了学者们的观点，对员工参与的概念进行了重新的界定，并提出了员工参与的三个基本维度（角色内发言权、高参与组织方式和角色外发言权）以及具体的测量工具。

（二）突破已有研究视角单一的局限，基于民主和效率的双重动因，搭建员工参与对创新行为影响的双重路径

员工参与研究经历了从劳动关系视角到人力资源管理视角拓展或转变的过程，因此也承载了提升员工主体地位和促进组织效率的双重目标。单一地从劳动关系视角探讨员工参与对提升员工主体地位的作用，而忽视员工参与的有效性；或者单一地从人力资源管理视角探讨研究员工参与对组织效率的影响，而忽视员工参与的社会意义，都是不全面的和不合适的。现实中的员工参与是组织基于双重目标的多种参与类型的整体安排。据此，本书构建了员工参与对创新行为影响的双重路径，即员工参与一方面基于劳动关系视角通过员工主体地位（工作疏离感）影响创新行为，另一方面基于人力资源管理视角通过员工的认知和情绪（组织认同）影响创新行为。经过实证研究的数据分析，证实了工作疏离感和组织认同在员工参与对创新行为关系中的双

中介角色。本书突破了已有研究视角单一的局限，对"员工参与—创新行为"中间机制进行更加系统和深入的挖掘。

（三）提出并验证了管理者行为方式在员工参与对创新行为影响过程中的作用

员工参与作为组织构建并实施的制度计划或组织方式，其有效性会受到执行者（管理者）和员工之间的非正式互动关系的影响。因此，本书将管理者行为方式纳入员工参与对创新行为影响的理论框架之中，并以互动公平为代理变量展开了实证研究。研究结果验证了互动公平在角色内发言权（员工参与的一个维度）对创新行为的影响过程中具有调节作用，且互动公平也调节在角色内发言权维度上工作疏离感和组织认同的双中介作用。本书提出并验证了员工参与对创新行为影响的情境边界，丰富了员工参与影响机制的情境研究。

（四）从多方位、多层次探讨员工创新行为的产生机制

已有文献大多遵循"干预措施—动机—创新行为"的解释逻辑，探讨员工创新行为的产生机制，忽略了创新机会和可能性对员工创新行为的影响。另外，已有研究在组织因素（包括领导者因素）对员工创新行为的影响机制研究方面积累丰富的文献，对工作因素及工作因素与其他因素共同作用对创新行为影响的研究相对较少。本书提出了员工参与通过影响创新动机、创造性构想及创新机会和可能性对创新行为产生影响的解释逻辑，也验证了员工参与通过组织（组织认同）、工作（工作疏离感）和管理者（互动公平）三方面因素共同作用对员工创新行为的显著影响。

二、实践启示

（一）帮助企业更加全面地了解复杂环境背景下员工参与在组织中的重要角色，为企业重视员工参与提供了实证依据

在经济全球化进程加快和技术变革趋势增强的背景下，企业面临更加动

态、不确定和复杂的竞争环境，因此，应对环境的挑战，促进企业技术或产品创新，实现组织持续发展成为重要的管理议题，而员工的创造性思维和创新行为是企业持续创新的基础和不竭的动力。本书探讨了"员工参与—创新行为"的关系框架，实证了员工参与对创新行为的积极影响。因此，本书解开了企业管理者关于员工参与有效性（对创新行为）的困惑，为企业重视员工参与提供了实证证据。

（二）揭示了"员工参与—创新行为"的中间机制，为企业制定有效的员工参与决策提供借鉴和启示

现实中的企业员工参与是各种员工参与类型的一个集合或整体，而不同员工参与类型又是基于不同动因和服务于不同的目标。本书揭示了员工参与对创新行为影响的中间机制，可以帮助管理者明晰现实中各种员工参与类型"为什么""怎样""什么情景下"发挥作用，进而为企业管理者制定有效的员工参与决策提供帮助。

（三）有助于企业管理者重视工作疏离感对员工行为决策的影响

在企业管理实践中，管理者在员工激励方面强调通过一系列管理手段构筑员工的组织承诺、组织认同或组织忠诚度等，较少关注工作本身因素对员工行为的影响。本书验证了工作疏离感对员工创新行为具有显著影响。基于此，企业管理者需要关注现实中员工工作疏离感的问题及其产生的原因，通过员工参与等管理措施来有效降低工作疏离感，激发员工对工作本身的热情，进而改善员工的行为和绩效。

第三节　研究局限和未来研究展望

一、研究局限性

本书基于明确的研究问题，在对相关文献进行梳理的基础上，通过逻辑推演建构理论模型，并在此基础上通过变量选择和数据分析展开实证研究。尽管整个研究过程中本着严谨的科学态度，并严格遵循研究规范，但是仍然存在一些缺陷和不足。

首先，受研究条件的限制，本书获取的是各个变量横截面的数据，即同一时点完成对所有变量的测量，所以在各个变量间的因果关系解释上不能准确揭示员工参与对创新行为影响的过程机制。今后研究中尽量要采用纵向数据的收集和分析，从而保证数据对研究问题和理论模型更强的解释力。

其次，为了尽量避免共同方法偏差对研究结论的影响，本书设计采用主管（或同事）和员工本人两个来源进行数据收集，但数据收集过程很难进行精确的控制，所以一定程度上可能造成数据的不客观，不能达到研究设计的要求。今后的研究中不仅要采取不同来源的数据，而且也要对数据收集过程进行严密控制，从而更加客观地展现企业现实情况，保证研究结论的可靠性。

最后，本书对员工参与的维度进行了重新的界定，在此基础上对已有成熟的量表进行了修订，从量表信度、效度检验和探索性因子分析结果来看，员工参与第三个维度角色外发言权的聚敛效度和因子结构不是非常理想，可能存在题项不典型、与现实不符等问题，后续工作需要进一步完善。

二、未来研究展望

（一）探讨员工参与各维度之间的替代互补作用

本书将员工参与划分为角色内发言权、高参与组织方式和角色外发言权三个维度，而且三个维度也都体现为民主和效率两个导向，现实中的员工参与也是两种导向的综合视图，因此，三个维度之间可能存在互补替代作用，已有研究也表明员工所有（员工持股）和参与决策制定是互补关系（Arandoet al.，2015；Pendleton & Robinson，2010）。未来研究可以进一步探讨员工参与各维度之间的互补替代关系以及它们的交互作用对结果产出的影响。

（二）员工参与量表的开发和完善

本书所使用的员工参与量表是在借鉴和参考 Wood 和 Menezes（2011）和
Wood et al.（2012）研究的基础上修订而来的，并对这些题项进行了维度的重
新划分。从量表的信度检验、效度检验和修正的总相关分析结果来看，角色
内发言权量表比较好，高参与组织方式和角色外发言权量表各删除了一个题
项。另外，从探索性因子分析结果来看，角色外发言权量表的因子结构并不
是很理想。因此未来的研究可以通过质性研究的方法收集更加丰富的访谈资
料，开发和优化能够更加适合中国情境的员工参与量表。

（三）将员工个性特征因素纳入理论模型的构建

本书主要探讨了员工参与对创新行为的过程机制，考察了员工参与通过
员工主体地位及员工的认知和情绪影响创新行为。同时，也探讨了管理者行
为方式在这中间的调节作用。但是本书没有将员工的个性特征因素纳入理论
模型。已有研究表明控制点、个人主义/集体主义、自我效能感、权力距离等
个体特征因素会对员工参与有效性产生影响（Kren，1992；Lam et al.，
2002）。因此，后续研究考虑将员工个性特征因素纳入理论模型构建，进一
步探讨员工参与影响机制的情境边界。

（四）开展组织层次员工参与策略影响因素的理论和实证研究

通过员工参与影响因素的文献综述和分析，组织规模、组织发展历史、
组织所处行业、组织所处环境的动荡性等基本因素影响组织员工参与的策略
选择。由于客观条件和研究能力有限，本书只是在样本来源上考虑了这些组
织因素的影响，将样本来源锁定为处于高动态环境的制造企业或者服务业。
后续研究可以开展组织层次员工参与策略影响因素的理论和实证研究。

参考文献

宝贡敏，徐碧祥，2006. 组织认同理论研究述评[J]. 外国经济与管理，28（1）：39-45.

陈万思，覃润宇，武琼娥，等，2015. 员工参与对双组织承诺的影响：组织支持中介作用与用工制的调节作用[J]. 中国人力资源开发（9）：21-33.

陈万思，丁珏，余彦儒，2013. 参与式管理对和谐劳资关系氛围的影响：组织公平感的中介作用与代际调节效应[J]. 南开管理评论，16（6）：47-58.

程德俊，赵曙明，2006. 高参与工作系统与企业绩效：人力资本专用性和环境动态性的影响[J]. 管理世界（3）：86-93.

程德俊，宋哲，王蓓蓓，2010. 认知信任还是情感信任：高参与工作系统对组织创新绩效的影响[J]. 经济管理，32（1）：81-90.

崔勋，吴海艳，李耀锋，2010. 从近代西方劳资关系研究视角的变迁看劳资冲突走向[J]. 中国人力资源开发（5）：80-84.

杜鹏程，孔德玲，2012. 科技人力资源创新行为影响因素分析——基于合肥地区的调查数据[J]. 科技与经济，25（4）：81-85.

傅升，丁宁宁，赵懿清，等，2010. 企业内的社会交换关系研究：组织支持感与领导支持感[J]. 科学学与科学技术管理（6）：175-181.

管春英，2016. 包容性领导对员工创新行为的多链条作用机制研究[J]. 科学学与科学技术管理，37（6）：159-168.

郭小玲，2013. 差序式领导、互动公平对反生产行为的影响研究[D]. 杭州：浙江理工大学.

高中华，赵晨，2014. 服务型领导如何唤醒下属的组织公民行为？——社会认同理论的分析[J]. 经济管理，36（6）：147-157.

顾远东，周文莉，彭纪生，2014. 组织支持感对研发人员创新行为的影响机制研究[J]. 管理科学，27（1）：109-119.

何军强，2014.互动公平对员工建言行为的影响机制研究——以个人传统性为调节变量[D].成都：西南财经大学.

何轩，2009.互动公平真的就能治疗"沉默"病吗？——以中庸思维作为调节变量的本土实证研究[J].管理世界（4）：128-134.

何轩，2010.为何员工知而不言——员工沉默行为的本土化实证研究[J].南开管理评论，13（3）：45-52.

姜泽许，2015.高绩效人力资源实践对员工离职倾向的影响研究[D].北京：北京科技大学.

蒋建武，赵珊，2017.基于高绩效工作系统影响的知识型移动工作者工作疏离感跨层研究[J].管理学报，14（3）：364-372.

李保东，王彦斌，2009.个体价值追求对组织认同影响模型[J].统计与信息论坛（5）：80-83.

李万明，李君锐，2016.心理授权与员工创新行为的关系—心理契约新视角的中介作用[J].工业技术经济（10）：78-84.

李旭培，王桢，时勘，2011.组织认同对公务员组织公民行为的影响：上级信任感的调节作用[J].软科学，25（8）：82-85+95.

李燚，魏峰，2011.高绩效人力资源实践有助于组织认同[J].管理世界（2）：109-117.

李颖，王振华，王卫征，2009.支持性人力资源实践、自我效能感与创新行为的关系研究[J].科技管理研究（10）：478-480.

陆昌勤，凌文辁，方俐洛，2006.管理自我效能感与管理者工作态度和绩效的关系[J].北京大学学报（自然科学版），42（2）：276-280.

龙立荣，毛盼盼，张勇，等，2014.组织支持感中介作用下的家长式领导对员工工作疏离感的影响[J].管理学报，11（8）：1150-1157.

吕梦捷，2015.劳动关系视角下的员工参与研究述评[J].中国人力资源开发（3）：93-99.

黎煦，2005.中国劳动力市场变迁的产权经济学分析[D].杭州：浙江大学.

李盛红，2008.深化厂务公开民主管理的问题及对策[J].中共贵州省委党校学报（5）：100-101.

刘灿辉，安立仁，2016.经济奖励对个体内生激励的挤出效应研究—激励偏好与工作复杂度的调节作用[J].西北大学学报（哲学社会科学版），46（5）：63-69.

刘松博，2013.自主支持对员工创新的跨层次影响机制—团队和领导双向学习的作用[J].经济管理，35（1）：80-88.

刘银国，2010. 国有企业员工参与公司治理与公司绩效相关性研究[J]. 经济学动态（4）：56-59.

刘云石，金涛，2009. 组织创新气氛与激励偏好对员工创新行为的交互效应研究[J]. 管理世界（9）：88-114.

刘元文，2007. 职工民主管理理论与实践[M]. 北京：中国劳动社会保障出版社.

刘元文，2004. 相容与相悖——当代中国的职工民主参与研究[M]. 北京：中国劳动社会保障出版社.

李志，谢国洪，2007. 企业员工参与管理研究综述[J]. 管理科学文摘（3）：64-66.

赖志超，郑伯壎，陈钦雨，2001. 台湾企业员工组织认同的来源及其效益[J]. 台湾人力资源管理学报，1（1）：27-51.

苗仁涛，周文霞，刘军，等，2013. 高绩效工作系统对员工行为的影响：一个社会交换视角及程序公平的调节作用[J]. 南开管理评论，16（5）：38-50.

任晗，许亚玲，陈维政，2014. 代际差异视角下的辱虐管理对员工工作疏离感的影响作用[J]. 经济管理，36（2）：65-75.

谭道伦，2011. 金融服务业员工组织支持感、组织认同与员工服务创新行为研究[D]. 成都：西南财经大学.

沈洪涛，沈艺峰，2007. 公司社会责任思想—起源与演变[M]. 上海：上海人民出版社.

孙秀明，孙遇春，2015. 工作疏离感对员工工作绩效的影响——以中国人传统性为调节变量[J]. 管理评论，17（10）：128-137.

魏钧，2009. 主观幸福感对知识型员工组织认同的影响[J]. 科研管理（2）：171-178.

王明杰，郑一山，2006. 西方人力资本理论研究综述[J]. 中国行政管理（8）：92-95.

吴思嫣，崔勋，2013. 员工的间接参与和直接参与：理论背景溯源与研究展望[J]. 现代管理科学（4）：9-11.

吴思嫣，张义明，王庆娟，2011. 员工参与：信息分享的视角[J]. 华东经济管理，25（2）：126-129.

王端旭，赵轶，2011. 工作自主性、技能多样性与员工创造力：基于个性特征的调节效应模型[J]. 商业经济与管理，240（10）：43-50.

王艇，2013. 基于互动公平的群体卷入模型研究：理论和机制的探讨[D]. 杭州：浙江大学.

王先辉，段锦云，田晓明，等，2010. 员工创造性：概念、形成机制及总结展望[J]. 心理科学进展，18（5）：760-768.

汪新艳，廖建桥，2007. 组织公平感对员工工作绩效的影响机制研究[J]. 江西社会科学（9）：152-156.

汪新艳，2009. 中国员工组织公平感结构和现状的实证解析[J]. 管理评论，21（9）：39-47.

王永跃，段锦云，2014. 人力资源实践对员工创新行为的影响：心理契约破裂的中介作用及上下级沟通的调节作用[J]. 心理科学，37（1）：172-176.

王艳子，罗瑾琏，2011. 目标取向对员工创新行为的影响研究——基于知识共享的中介效应[J]. 科学学与科学技术管理，32（5）：164-169.

王震，孙健敏，2010. 人—组织匹配与个体创新行为的关系——三元匹配模式的视角[J]. 经济管理，32（10）：74-79.

吴明隆，2010. 问卷统计分析实务[M]. 重庆：重庆大学出版社.

温忠麟，叶宝娟，2014. 有调节的中介模型检验方法：竞争还是替补？[J]. 心理学报，46（5）：714-726.

谢玉华，雷小霞，2009. 员工参与：内容与研究方法——中外研究比较[J]. 湖南大学学报（社会科学版），23（6）：49-52.

谢玉华，张群艳，2013. 新生代员工参与对员工满意度的影响研究[J]. 管理学报，10（8）：1162-1169.

谢玉华，张媚，雷小霞，2010. 影响员工参与的组织因素研究[J]. 财经理论与实践（双月刊），31（167）：99-103.

谢玉华，陈佳，2014. 新生代员工参与需求对领导风格偏好的影响[J]. 管理学报，11（9）：1326-1332.

谢玉华，何包钢，2007. 西方工业民主和员工参与研究述评[J]. 经济社会体制比较（2）：138-146.

杨付，张丽华，2012. 团队沟通、工作不安全氛围对创新行为的影响：创造力自我效能感的调节作用[J]. 心理学报，44（10）：1383-1401.

杨付，张丽华，2012. 团队成员认知风格对创新行为的影响：团队心理安全感和工作单位结构的调节作用[J]. 南开管理评论，15（5）：13-25.

詹婧，李晓曼，2015. 国外员工参与制度与企业绩效关系的研究综述及展望[J]. 中国人力资源开发（9）：6-12.

郑刚，崔勋，2015. 国有企业员工身份多元化下的员工参与研究[J]. 中国人力资源开发（9）：13-20.

郑文智，陈金龙，胡三嫚，2012. 劳动契约、员工参与与相互投资型劳动关系[J]. 管理科学，25（6）：65-74.

郑馨怡，李燕萍，刘宗华，2017. 知识分享对员工创新行为的影响：基于组织的自尊和组织支持感的作用[J]. 商业经济与管理，303（1）：25-33.

曾湘泉，周禹，2008. 薪酬激励与创新行为关系的实证研究[J]. 中国人民大学学报（5）：86-93.

张伶，聂婷，黄华，2015. 基于工作压力和组织认同中介调节效应检验的家庭亲善政策与创新行为关系研究[J]. 管理学报，11（5）：683-690.

张震，马力，马文静，2002. 组织气氛与员工参与的关系[J]. 心理学报，34（3）：312-318.

AMABILE T M，1988. A Model of creativity and innovation in organizations [J]. Research in organizational behavior，（10）：123-167.

AMABILE T M，1993. Motivational synergy: toward new conceptualizations of intrinsic and extrinsic motivation in the workplace [J]. Human resource management review，3（3）：185-201.

AMABILE T M，CONTI R，COON H，et al，1996. Assessing the work environment for creativity [J]. Academy of management journal，39（5）：1154-1184.

ALUTTO J A，BELASCO J A，1972. A Typology for participation in organizational decision making [J]. Administrative science quarterly，17（1）：117-125.

ALUTTO J A，ACITO F，1974. Decision participation and sources of job satisfaction: a study of manufacturing personnel [J]. Academy of management journal，17（1）：160-167.

APPELBAUM E，BAILEY T，BERG P，et al，2000. Manufacturing competitive advantage: the effects of high performance work systems on plant performance and company outcomes [M]. Ithaca，NY: Cornell University Press.

ARANDO S，GAGO M，JONES D C，et al，2015. Efficiency in employee-owned enterprises: an econometric case study of mondragon [J]. Industrial and labor relations review，68（2）：398-425.

ARTHUR J B, 1992. The link between business strategy and industrial relations systems in American steel minimills [J]. Industrial and labor relations review, 45 (3) : 448-506.

ARTHUR J B, 1994. Effects of human resource management systems on manufacturing performance and turnover [J]. Academy of management journal, 37 (3) : 670-687.

ASHMOS D P, DUCHON D, MCDANIEL JR R R, et al, 2002. What a mess! participation as a simple managerial rule to complexify organizations [J]. Journal of management studies, 39 (2) : 189-206.

ASHFORTH B E, MAEL F, 1989. Social identity theory and the organization [J]. Academy of management review, 14 (1) : 20-39.

BAARD P P, DECI E L, RYAN R M, 2004. Intrinsic need satisfaction: a motivational basis of performance and well-being in two work settings [J]. Journal of applied social psychology, 34 (10) : 2045-068.

BAMBER E M, IYER V M, 2002. Big 5 auditors' professional and organizational identification: consistency or conflict? [J]. Auditing: a journal of practice & theory, 21 (2) : 21-38.

BANDURA A, 1986. The explanatory and predictive scope of self-efficacy theory [J]. Journal of social and clinical psychology, 4 (3) : 359-373.

BANAI M, REISEL W D, 2003. A Test of control-alienation theory among cuban workers [J]. Management research: journal of the iberoAmerican academy of management, 1 (3) : 243-252.

BANAI M, REISEL W D, PROBST T M, 2004. A managerial and personal control model: predictions of alienation and organizational commitment in hungary [J]. Journal of international management, 10 (3) : 375-392.

BANAI M, REISEL W D, 2007. The influence of supportive leadership and job characteristics on work alienation: a six-country investigation [J]. Journal of world business, 42 (4) : 463-476.

Bar-Haim A, 2002. Participation programs in work organizations: Past, present, and scenarios for the future [M]. :Greenwood :Greenwood Publishing Group.

ALBERT B, 1986. Social foundations of thought and action: a social cognitive theory [M]. NY: Prentice-Hall.

BARGE J K，SCHLUETER D W，1988. A critical evaluation of organizational commitment and identification [J]. Management Communication Quarterly，2（1）：116-133.

BARRICK M R，ALEXANDER R A，1992. Estimating the benefits of a quality circle intervention [J]. Journal of organizational behavior，13（1）：73-80.

BATT R，2000. Strategic segmentation in front-line services: matching customers，employees and human resource systems[J]. The international journal of human resource management，11（3）：540-561.

BELTRÁN-MARTÍN I，ROCA-PUIG V，ESCRIG-TENA A，et al，2008. Human resource flexibility as a mediating variable between high performance work systems and performance [J]. Journal of management，34（5）：1009-1044.

BENSON G S，YOUNG S M，LAWLER E E，2006. High involvement work practices and analysts forecasts of corporate earnings[J]. Human resource management，45（4）：519-537.

BEN-NER A，JONES D C，1995. Employee participation，ownership，and productivity: a theoretical framework [J]. Industrial relations: a journal of economy and society，34（4）：532 -554.

BERG P，1999. The effects of high performance work practices on job satisfaction in the u.s. steel industry [J]. Relations industrielles，54（1）：111-153.

BERGER L K，SEDIVY S K，CISLER R A，et al，2008. Does job satisfaction mediate the relationships between work environment stressors and employee problem drinking? [J]. Journal of workplace behavioral health，23（3）：229-243.

BERGAMI M，BAGOZZI R P，2000. Self-categorization，affective commitment and group self-esteem as distinct aspects of social identity in the organization [J]. British journal of social psychology，39（4）：555-577.

BIES R J，MOAG J S，1986. Interactional justice: communication criteria of fairness [M]//LE-WICKI R J，SHEPPARD B H. Research on negotiation in organizations. Greenwich，CT: JAI Press，43-45.

BLACK J S，GREGERSEN H B，1997. Participative decision-making: an integration of multiple dimensions [J]. Human relations，50（7）：859-878.

BLUMBERG P，1968. Industrial democracy: the sociology of participation [M]. Lonton: Constable.

BOON C, KALSHOVEN K, 2014. How high-commitment hrm relates to engagement and commitment: the moderating role of task proficiency [J]. Human resource management, 53 (3) : 403-420.

BRYSON A, 1999. The Impact of employee involvement on small firms' financial performance [J]. National institute economic review, 169 (1) : 78-95.

BUDD J W, 2004. Employment with a human face: balancing efficiency, equity, and voice [M]. Ithaca, NY: Cornell University Press.

BUDHWAR P S, KHATRI N, 2001. A comparative study of hr practices in britain and india [J]. The international journal of human resource management, 12 (5) : 800-826.

BULLIS C, BACH B W, 1991. An explication and test of communication network content and multiplexity as predictors of organizational identification[J]. Western journal of speech communication, 55 (2) : 180-197.

BURGIO L D, WHITMAN T L, REID D H, 1983. A participative management approach for improving direct-care staff performance in an institutional setting [J]. Journal of applied behavior analysis, 16 (1) : 37-53.

CAMPS J, LUNA-Arocas R, 2009. High involvement work practices and firm performance [J]. The international journal of human resource management, 20 (5) : 1056-1077.

CEYLAN A, SULU S, 2010. Work alienation as a mediator of the relationship of procedural injustice to job stress [J]. South east european journal of economics and business, 5 (2) : 65-74.

CHEN Z X, ARYEE S, 2007. Delegation and employee work outcomes: an examination of the cultural context of mediating processes in China [J]. Academy of management journal, 50 (1) : 226-238.

CHENEY G, 1983. The rhetoric of identification and the study of organizational communication [J]. Quarterly journal of speech, 69 (2) : 143-158.

CHEONEY G, TOMPKINS P K, 1987. Coming to terms with organizational identification and commitment [J]. Communication studies, 38 (1) : 1-15.

CHUANG A, JUDGE T A, LIAW Y J, 2012. Transformational leadership and customer service: a moderated mediation model of negative affectivity and emotion regulation [J]. European journal of work and organizational psychology, 21（1）: 28-56.

CHUANG C H, JACKSON S E, JIANG Y, 2016. Can knowledge-intensive teamwork be managed? examining the roles of hrm systems, leadership, and tacit knowledge [J]. Journal of management, 42（2）: 524-554.

CHISHOLM R F, VANSINA L S, 1993. Varieties of participation [J]. Public administration quarterly, 17（3）: 291-315.

CLEGG C W, WALL T D, 1984. The lateral dimension to employee participation [J]. Journal of management studies, 21（4）: 429-442.

COHEN-CHARASH Y, SPECTOR P E, 2001. The role of justice in organizations: a meta-analysis [J]. Organizational behavior and human decision processes, 86（2）: 278-321.

COLE G D H, 1957. The case for industrial partnership [M]. London: Macmillan.

COLLINS D, HATCHER L, ROSS T L, 1993. The decision to implement gainsharing: the role of work climate, expected outcomes, and union status [J]. Personnel psychology, 46（1）: 77-104.

COLQUITT J A, CONLON D E, WESSON M J, et al, 2001. Justice at the millennium: a meta-analytic review of 25 years of organizational justice research [J]. Journal of applied psychology, 86（3）: 425-445.

COMBS J, LIU Y, HALL A, et al, 2006. How much do high-performance work practices matter? a meta-analysis of their effects on organizational performance [J]. Personnel psychology, 59（3）: 501-528.

CONGER J A, KANUNGO R N, 1988. The empowerment process: integrating theory and practice [J]. Academy of management review, 13（3）: 471-482.

CONNOR P E, 1992. Decision-making participation patterns: the role of organizational context [J]. Academy of management journal, 35（1）: 218-232.

CORLEY K G, GIOIA D A, 2004. Identity ambiguity and change in the wake of a corporate spin-off [J]. Administrative science quarterly, 49（2）: 173-208.

COTTON J L, VOLLRATH D A, FROGGATT K L, et al, 1988. Employee participation: diverse forms and different outcomes [J]. Academy of management review, 13（1）: 8-22.

COTTON J L, 1993. Employee involvement: methods for improving performance and work attitudes [M]. London：Sage publications.

COX A，ZAGELMEYER S，MARCHINGTON M，2006. Embedding employee involvement and participation at work [J]. Human resource management journal，16（3）：250-267.

COX A，MARCHINGTON M，SUTER J，2009. Employee involvement and participation: developing the concept of institutional embeddedness using WERS2004 [J]. The international journal of human resource management，20（10）：2150-2168.

CUMMINGS T G，MANRING S L，1977. The relationship between worker alienation and work-related behavior [J]. Journal of vocational behavior，10（2）：167-179.

DACHLER H P，WILPERT B，1978. Conceptual dimensions and boundaries of participation in organizations: a critical evaluation [J]. Administrative science quarterly，23（1）：1-39.

DATTA D K，GUTHRIE J P，WRIGHT P M，2005. Human resource management and labor productivity: does industry matter? [J]. Academy of management journal，48（1）：135-145.

DAVIDS A，1955. Alienation，social apperception，and ego structure [J]. Journal of consulting psychology，19（1）：21-27.

DAVID T W W，PECK S P，2001. Top executives' attitude and preferences toward employee voice and participation in singapore，in organization and work on works councils[M]//CHOURAGUI A，VEERSMA U. Models of employee participation in a changing global environment: diversity and interaction. Aldershot: Ashgate.

DEAN D G，1961. Alienation: its meaning and measurement [J]. American Sociological Review，25（5）：753-758.

DEAN Jr J W，1985. The decision to participate in quality circles [J]. The journal of applied behavioral science，21（3）：317-327.

DECONINCK J B，JOHNSON J T，2009. The effects of perceived supervisor support，perceived organizational support，and organizational justice on turnover among salespeople [J]. Journal of personal selling & sales management，29（4）：333-350.

DECI E L，1975. Intrinsic motivation [M]. New York: Plenum.

DECI E L，RYAN R M，1985. The general causality orientations scale: self-determination in personality [J]. Journal of research in personality，19（2）：109-134.

DECI E L，RYAN R M，2008. Facilitating optimal motivation and psychological well-being across life's domains [J]. Canadian psychology/psychologie canadienne，49（1）：14-23.

DENTON M，ZEYTINOĞLU I U，1993. Perceived participation in decision-making in a university setting: the impact of gender[J]. Industrial and labor relations review，46（2）：320-331.

DELANEY J T，1991. Unions and human resource policies [J]. Research in personnel and human resources management，9: 39-71.

DELBRIDGE R，TURNBULL P，WILKINSON B，1992. Pushing back the frontiers: management control and work intensification under JIT/TQM factory regimes [J]. New technology，work and employment，7（2）：97-106.

DELBRIDGE R，KEENOY T，2010. Beyond managerialism? [J]. The international journal of human resource management，21（6）：799-817.

DETERT J R，BURRIS E R，2007. Leadership behavior and employee voice: is the door really open? [J]. Academy of management journal，50（4）：869-884.

DIPIETRO R B，PIZAM A，2008. Employee alienation in the quick service restaurant industry [J]. Journal of hospitality & tourism research，32（1）：22-39.

DICK R，WAGNER U，STELLMACHER J，et al，2004. The utility of a broader conceptualization of organizational identification: which aspects really matter? [J]. Journal of occupational and organizational psychology，77（2）：171-191.

DOUCOULIAGOS C，1995. Worker participation and productivity in labor-managed and participatory capitalist firms: a meta-analysis [J]. Industrial and labor relations review，49（1）：58-77.

DOUG A S，DEXTER C D，1991. Beyond Traditional paternalistic and developmental approaches to organizational change and human resource strategies [J]. International journal of Human resource management，2（3）：263-283.

DUKERICH J M，GOLDEN B R，SHORTELL S M，2002. Beauty is in the eye of the beholder: the impact of organizational identification，identity，and image on the cooperative behaviors of physicians [J]. Administrative science quarterly，47（3）：507-533.

DUNLOP J T，WEIL D，1996. Diffusion and performance of modular production in the US apparel industry [J]. Industrial relations, 35 (3) : 334–355.

EDWARDS M R, PECCEI R, 2010. Perceived organizational support, organizational identifica-
tion, and employee outcomes [J]. Journal of Personnel psychology, (9) : 17–26.

EDWARDS J R, LAMBERT L S, 2007. Methods for integrating moderation and mediation: a
general analytical framework using moderated path analysis [J]. Psychological methods, 12
(1) : 1–22.

EFRATY D, SIRGY M J, CLAIBORNE C B, 1991. The effects of personal alienation on organi-
zational identification: a quality–of–work–life model [J]. Journal of business and psychology,
6 (1) : 57–78.

EMERY F E, THORSRUD E, 1964/1969. Form and content in industrial democracy: some ex-
periences from norway and other european countries [M]. London: Tavistock.

FAST N J, BURRIS E R, BARTEL C A, 2014. Managing to stay in the dark: managerial self–
efficacy, ego defensiveness, and the aversion to employee voice [J]. Academy of manage-
ment journal, 57 (4) : 1013–1034.

FEIST G J, 1999. The influence of personality on artistic and scientific creativity[M]//STERN-
BERG R. Handbook of creativity. New York: Cambridge University Press, 272–296.

FIOL C M, O'CONNOR E J, 2002. When hot and cold collide in radical change processes: les-
sons from community development [J]. Organization science, 13 (5) : 532–546.

FLINCHBAUGH C, LI P, LUTH M T, et al, 2016. Team–level high involvement work practic-
es: investigating the role of knowledge sharing and perspective taking [J]. Human resource
management journal, 26 (2) : 134–150.

FOLGER R G, CROPANZANO R, 1998. Organizational justice and human resource manage-
ment[M]. London: Sage Publications.

FOOTE N N, 1951. Identification as the basis for a theory of motivation [J]. American Sociologi-
cal Review, 16 (1) : 14–21.

FORD C M, 1996. A theory of individual creative action in multiple social domains [J]. Academy
of management review, 21 (4) : 112–1142.

FOX A, 1974. Beyond contract: work, power and trust relations [M]. London: Faber.

GAGNON M A, MICHAEL J H, 2004. Outcomes of perceived supervisor support for wood production employees [J]. Forest products journal, 54 (12) : 172–177.

GARRAHAN P, STEWART P, 1992. The nissan enigma: flexibility at work in a local economy [M]. London: mansell.

GEORGE J M, ZHOU J, 2007. Dual tuning in a supportive context: joint contributions of positive mood, negative mood, and supervisory behaviors to employee creativity [J]. Academy of management journal, 50 (3) : 605–622.

GEYER F, 1992. Alienation in community and society: effects of increasing environmental complexity [J]. Kybernetes, 21 (2) : 33–49.

GLEW D J, O'LEARY-KELLY A M, GRIFFIN R W, et al, 1995. Participation in organizations: a preview of the issues and proposed framework for future analysis [J]. Journal of management, 21 (3) : 395–421.

GODARD J, 1991. The progressive HRM paradigm: A theoretical and empirical re-examination [J]. Relations industrielles, 46 (2) : 378–400.

GRANOVETTER M, 1985. Economic action and social structure: the problem of embeddedness [J]. American journal of sociology, 91 (3) : 481–510.

GREEN F, 2012. Employee involvement, technology and evolution in job skills: a task-based analysis[J]. Industrial and labor relations review, 65 (1) : 36–67.

GREENBERG J, 2006. Losing sleep over organizational injustice: attenuating insomniac reactions to underpayment inequity with supervisory training in interactional justice [J]. Journal of applied psychology, 91 (1) : 58–69.

GRIFFIN M A, NEAL A, PARKER S K, 2007. A new model of work role performance: positive behavior in uncertain and interdependent contexts [J]. Academy of management journal, 50 (2) : 327–347.

GRUEN T W, SUMMERS J O, ACITO F, 2000. Relationship marketing activities, commitment, and membership behaviors in professional associations[J]. Journal of marketing, 64 (3) : 34–49.

GUILFORD J P, 1950. Fundamental statistics in psychology and education (second edition) [M]. New York: McGraw-Hill.

GUTHRIE J P, SPELL C S, NYAMORI R O, 2002. Correlates and consequences of high involvement work practices: the role of competitive strategy [J]. The international journal of human resource management, 13 (1) : 183-197.

HACKMAN J R, OLDHAM G R, 1975. Development of the job diagnostic survey [J]. Journal of applied psychology, 60 (2) : 159-170.

HACKMAN J R, OLDHAM G R, 1976. Motivation through the design of work: test of a theory [J]. Organizational behavior and human performance, 16 (2) : 250-279.

HACKMAN J R, OLDHAM G R, 1980. Work redesign [J]. Reading, MA: addison-wesley.

HAIM A B, 2002. Participation programs in work organizations: past, present, and scenarios for the future [M]. Greenwood :Greenwood Publishing Group.

HALL D T, SCHNEIDER B, 1972. Correlates of organizational identification as a function of career pattern and organizational type[J]. Academy of management proceedings, (1) : 159-161.

HALPIN A, CROFT D, 1963. The organizational climate and individual value systems upon job satisfaction [J]. Personnel psychology, 22: 171-183.

HAMBRICK D C, MASON P A, 1984. Upper echelons: the organization as a reflection of its top managers [J]. Academy of management review, 9 (2) : 193-206.

HANNAN M T, FREEMAN J, 1977. The population ecology of organizations [J]. American journal of sociology, 82 (5) : 929-964.

HANDEL M J, LEVINE D I, 2006. The effects of new work practices on workers[M]//LAWLER E E, O' TOOLE J. America at work. New York: Palgrave MacMillian, 73-85.

HANSMANN H, 1996. The ownership of enterprise [M]. Cambridge: Harvard University Press.

HARLEY B, 2002. Employee responses to high performance work system practice: an analysis of the awirs95 data [J]. The journal of Industrial relations, 44 (3) : 418-434.

HEINZEN T E, MILLS C, CAMERON P, 1993. Scientific innovation potential [J]. Creativity research journal, 6 (3) : 261-269.

HELLER F A, 1998. Organizational participation: myth and reality [M]. New York:Oxford University Press.

HIRSCHFELD R R, FEILD H S, 2000. Work centrality and work alienation: distinct aspects of a general commitment to work [J]. Journal of organizational behavior, 21 (7) : 789-800.

HIRSCHFELD R R, FEILD H S, BEDEIAN A G, 2000. Work alienation as an individual-difference construct for predicting workplace adjustment: a test in two samples [J]. Journal of applied social psychology, 30 (9) : 1880-1902.

HOFSTEDE G, 1991. Cultures and organizations, intercultural cooperation and its importance for survival [M]. London: Mc Iraw-Hill.

HOMANS G, 1961. Social behavior: its elementary forms [M]. London: Routledge & Kegan Paul.

HOGG M A, 2012. Social identity and the psychology of groups [M]//LEARY M R, TANGNEY, J P. Handbook of self and identity. New York: Guilford Press, 502-519.

HUANG X, VLIERT E V, VEGT G V, 2005. Breaking the silence culture: stimulation of participation and employee opinion withholding cross-nationally [J]. Management and organization review, 1 (3) : 459-482.

HUHTALA H, PARZEFALL M R, 2007. A review of employee well-being and innovativeness: an opportunity for a mutual benefit[J]. Creativity and innovation management, 16 (3) : 299-306.

HUNT D M, MICHAEL C, 1983. Mentorship: a career training and development tool [J]. Academy of management review, 8 (3) : 475-485.

HUSELID M A, BECKER B E, 1997. The impact high performance work system, implementation effectiveness, and alignment with strategy on shareholder wealth [J]. Academy of management proceedings, (1) : 144-148.

HYMAN J, MASON B, 1995. Managing employee involvement and participation [M]. London: Sage Publications.

ICHNIOWSKY C, KOCHAN T A, LEVINE D, et al, 1996. What works at work: overview and assessment [J]. Industrial relations, 35 (3) : 299-333.

JAMES K, CLARK K, CROPANZANO R, 1999. Positive and negative creativity in groups, institutions, and organizations: a model and theoretical extension [J]. Creativity research journal, 12 (3) : 211-226.

JANSSEN O, 2000.Job demands, perceptions of effort-reward fairness and innovative work behavior [J]. Journal of occupational and organizational psychology, 73 (3) : 287-302.

JANSSEN O, 2005. The joint impact of perceived influence and supervisor supportiveness on employee innovative behavior [J]. Journal of occupational and organizational psychology, 78 (4) : 573-579.

JESÚS SUÁREZ-MENDOZA M, ZOGHBI-MANRIQUE-DE-LARA P, 2008. The impact of work alienation on organizational citizenship behavior in the canary islands [J]. International journal of organizational analysis, 15 (1) : 56-76.

JIANG K, CHUANG C H, CHIAO Y C, 2015. Developing Collective customer knowledge and service climate: the interaction between service-oriented high-performance work systems and service leadership [J]. Journal of applied psychology, 100 (4) : 1089-1106.

KAHNWEILER W M, THOMPSON M A, 2000. Levels of desired, actual, and perceived control of employee involvement in decision making: an empirical investigation [J]. Journal of business and psychology, 14 (3) : 407-427.

KANTER R M, 1983. The change masters: innovation and entrepreneurship in the American corporation [M], New York: Simon and Schuster.

KANTER K M, 1988. When a thousand flowers bloom: structural, collective and social conditions for innovation in organization[J]. Research in organizational behavior, 10: 169-211.

KARK R, SHAMIR B, 2002. The influence of transformational leadership on followers' relational versus collective self-concept[J]. Academy of management proceeding, (1) :1-6.

KATZ D, 1964. The motivational basis of organizational behavior [J]. Systems research and behavioral science, 9 (2) : 131-146.

KATZ D, KAHN R L, 1978. The social psychology of organizations [M]. New York: Wiley.

KAUFMAN B E, 2002. Human resources and industrial relations: commonalities and differences [J]. Human resource management review, 11 (4) : 339-374.

KING N, ANDERSON N, 2002. Managing innovation and change: a critical guide for organizations [M]. Cengage Learning EMEA.

KELMAN H C, 1958. Compliance, identification, and internalization three processes of attitude change [J]. Journal of conflict resolution, 2 (1) : 51-60.

KEMP R G M, FOLKERINGA M, DE JONG J P J, et al, 2003. Innovation and firm performance[M]. Zoetermeer, Netherlands: EIM.

KLEYSEN R F, STREET C T, 2001. Toward a multi-dimensional measure of individual innovative behavior [J]. Journal of intellectual capital，2（3）：284-296.

KOCHAN T A，KATZ H C，MCKERSIE R B，1986. The Transformation of American industrial relations[M]. Ithaca，NY:Cornell University Press.

KORSGAARD M A，ROBERSON L，RYMPH R D，1998. What motivates fairness? the role of subordinate assertive behavior on manager′s interactional fairness [J]. Journal of applied psychology，83（5）：731-744.

KREINER G E，HOLLENSBE E C，SHEEP M L，2006. Where is the 'Me' among the 'We'？Identity work and the search for optimal balance [J]. Academy of management journal，49（5）：1031-1057.

KRENL L，1992. The moderating effects of locus of control on performance incentives and participation [J]. Human relations，45（9）：991-1012.

KUENZI M，SCHMINKE M，2009. Assembling fragments into a lens: a review，critique，and proposed research agenda for the organizational work climate literature [J]. Journal of management，35（3）：634-717.

LAM S S K，CHEN X P，SCHAUBROECK J，2002. Participative decision making and employee performance in different cultures: the moderating effects of allocentrism/idiocentrism and efficacy [J]. Academy of management journal，45（5）：905-914.

LANAJ K，HOLLENBECK J R，ILGEN D R，et al，2013. The double-edged sword of decentralized planning in multiteam systems [J]. Academy of management journal，56（3）：735-757.

LAWLER E E，MOHRMAN S A，1985. Quality circles after the fad [J]. Harvard business review，85（1）：64-71.

LAWLER E E，1988. Choosing an involvement strategy [J]. The academy of management executive，2（3）：197-204.

LAWLER E E，1992. The ultimate advantage: creating the high-involvement organization [M]. Jossey-Bass.

LAWLER E E，MOHRMAN S A，LEDFORD G E，1995. Creating high performance organizations: practices and results of employee involvement and total quality management in fortune 1000 companies [M]. San Francisco，CA: Jossey-Bass.

LAWRENCE P R, LORSCH J W, 1967. Differentiation and integration in complex organizations [J]. Administrative science quarterly, 12 (1) : 1-47.

LAVELLE J, GUNNIGLE P, MCDONNELL A, 2010. Patterning employee voice in multinational companies [J]. Human relations, 63 (3) : 395-418.

LEANA C R, FLORKOWSKI G W, 1992. Employee involvement programs: integrating psychological theory and management practice [J]. Research in personnel and human resources management, 10: 233-270.

LEE C, SCHULER R S, 1982. A constructive replication and extension of a role and expectancy perception model of participation in decision making [J]. Journal of occupational psychology, 55 (2) : 109-118.

LEE E K, HONG W, AVGAR A C, 2015. Containing conflict: a relational approach to the study of high involvement work practices in the health-care setting [J]. The international journal of human resource management, 26 (1) : 100-122.

LEIFER R, HUBER G P, 1977. Relations among perceived environmental uncertainty, organization structure, and boundary-spanning behavior [J]. Administrative science quarterly, 22 (2) : 235-247.

LEWIN K, 1948. Resolving social conflicts [M]. New York: Harper.

LEWIN K, 1951. Field theory in social science [M]. Chicago: University of Chicago Press.

LIU J, WANG H, HUI C, et al, 2012. Psychological ownership: how having control matters[J]. Journal of management studies, 49 (5) : 869-895.

LOCKE E A, SCHWEIGER D M, 1979. Participation in decision-making: one more looks [J]. Research in organizational behavior, 1 (10) : 265-339.

LONG R J, WARNER M, 1987. Organizations, participation and recession: an analysis of recent evidence [J]. Relations industrielles, 42 (1) : 65-91.

MACY B A, PETERSON M F, NORTON L W, 1989. A test of participation theory in a work re-designs field setting: degree of participation and comparison site contrasts [J]. Human relations, 42 (12) : 1095-1165.

MACY B A, PETERSON M, 1983. Evaluating attitudinal change in a longitudinal quality of work life intervention [M]//SEASHORE S E. Assessing organizational change: a guide to methods, measures, and practices. New York: John Wiley & Sons, 453-547.

MADDI S R, KOBASA S C, HOOVER M, 1979. An alienation test [J]. Journal of humanistic psychology, 19 (4) : 73-76.

MAEL F, ASHFORTH B E, 1992. Alumni and their alma mater: a partial test of the reformulated model of organizational identification [J]. Journal of organizational behavior, 13 (2) : 103-123.

MANZ C C, 1992. Self-leading work teams: moving beyond self-management myths [J]. Human relations, 45 (11) : 1119-1140.

MARGULIES N, BLACK S, 1987. Perspectives on the implementation of participative approaches [J]. Human resource management, 26 (3) : 385.

MARCH J G, SIMON H A, 1958. Organizations [M]. Oxford: Wiley Organizations.

MARCHINGTON M, 1987. A review and critique of research on developments in joint consultation [J]. British journal of industrial relations, 25 (3) : 339-352.

MARCHINGTON M, 2007. Employee voice systems [M]//BOXALL P, PURCELL J, WRIGHT P. The Oxford handbook of human resource management. New York: Oxford University Press, 231-250.

MARCHINGTON M, 2015. Analysing the forces shaping employee involvement and participation (EIP) at organisation level in liberal market economies (LMEs) [J]. Human resource managementjournal, 25 (1) : 1-18.

MAYER D, NISHII L, SCHNEIDER B, et al, 2007. The precursors and products of justice climates: group leader antecedents and employee attitudinal consequences [J]. Personnel psychology, 60 (4) : 929-963.

MCFARLIN D B, SWEENEY P D, COTTON J L, 1992. Attitudes toward employee participation in decision-making: a comparison of european and American managers in a united states multinational company [J]. Human resource management, 31 (4) : 363-383.

MCNABB R, WHITFIELD K, 1999. The distribution of employee participation schemes at the workplace [J]. The international journal of human resource management, 10 (1) : 122-136.

MESSERSMITH J G, PATEL P C, LEPAK D P, et al, 2011. Unlocking the black box: exploring the link between high-performance work systems and performance [J]. Journal of applied psychology, 96（6）: 1105-1118.

MUMFORD M D, GUSTAFSON S B, 1988. Creativity syndrome: integration, application, and innovation [J]. Psychological bulletin, 103（1）: 27.

MUMFORD M D, SCOTT G M, GADDIS B, et al, 2002. Leading creative people: orchestrating expertise and relationships [J]. The leadership quarterly, 13（6）: 705-750.

MUNSTERBERG H, 1913. Psychology and industrial efficiency [M]. Boston: houghton mifflin.

MILES R E, 1975. Theories of management: implications for organizational behavior and development [M]. Nova Iorque: McGraw-Hill.

MILLER K I, MONGE P R, 1986. Participation, satisfaction, and productivity: a meta-analytic review [J]. Academy of management journal, 29（4）: 27-753.

MILLER D, Lee J, 2001. The people make the process: commitment to employees, decision making, and performance [J]. Journal of management, 27（2）: 163-189.

MITCHELL T R, 1973. Motivation and participation: an integration [J]. Academy of management journal, 16（4）: 670-679.

MOCH M K, 1980. Job involvement, internal motivation, and employees´ integration into networks of work relationships [J]. Organizational behavior and human performance, 25（1）: 15-31.

MOHR R D, ZOGHI C, 2008. High-involvement work design and job satisfaction [J]. Industrial and labor relations review, 61（3）: 275-296.

MOTTAZ C J, 1981, Some determinants of work alienation [J]. The sociological quarterly, 22（4）: 515-529.

MOUSSA F M, 2000. Determinants, process, and consequences of personal goals and performance [J]. Journal of management, 26（6）: 1259-1285.

MOWDAY R T, PORTER L W, DUBIN R, 1974. Unit performance, situational factors, and employee attitudes in spatially separated work units[J]. Organizational behavior and human performance, 12（2）: 231-248.

MULKI J P, LOCANDER W B, MARSHALL G W, et al, 2008. Workplace isolation, salesperson commitment, and job performance[J]. Journal of personal selling & sales management，28（1）：67-78.

MUMFORD M D，2000. Managing creative people: strategies and tactics for innovation [J]. Human resource management review，10（3）：313-351.

NAIR N，VOHRA N，2010. An exploration of factors predicting work alienation of knowledge workers [J]. Management decision，48（4）：600-615.

NELSON R R，WINTER S G，2009. An evolutionary theory of economic change [M]. Cambridge: Harvard University Press.

NEUMANN J E，1989. Why people don't participate in organizational change [J]. Research in organizational change and development，3（1）：181-212.

NEWTON K，1998. The high performance workplace: hr-based management innovations in canada [J]. International journal of technology management，16（1-3）：177-192.

NIEHOFF B P，MOORMAN R H，1993. Justice as a mediator of the relationship between methods of monitoring and organizational citizenship behavior [J]. Academy of management journal，36（3）：527-556.

MCCLURG L N，2001. Team rewards: how far have we come?[J]. Human resource management，40（1）：73-86.

NURICK A J，1982. Participation in organizational change: a longitudinal field study [J]. Human relations，35（5）：413-429.

OLDHAM G R，CUMMINGS A，1996. Employee creativity: personal and contextual factors at work [J]. Academy of management journal，39（3）：607-634.

O'REILLY C A，CHATMAN J，1986. Organizational commitment and psychological attachment: the effects of compliance，identification，and internalization on prosocial behavior[J]. Journal of applied psychology，71（3）：492-499.

ORDIZ-FUERTES M，FERNÁNDEZ-SÁNCHEZ E，2003. High-involvement practices in human resource management: concept and factors that motivate their adoption[J]. The international journal of human resource management，14（4）：511-529.

ORGAN D W，1988. Organizational citizenship behavior: the good soldier syndrome [M]. Lexington，MA: Lexington Books.

ORLITZKY M，FRENKEL S J，2005. Alternative pathways to high-performance workplaces [J].

The international journal of human resource management, 16 (6) : 1325–1348.

OSTERMAN P, 1994. How common is workplace transformation and how can we explain who adopts it? Results from a National Survey [J]. Industrial and labor relations review, 47 (2) : 173–187.

PARKER L E, PRICE R H, 1994. Empowered managers and empowered workers: the effects of managerial support and managerial perceived control on workers′ sense of control over decision making [J]. Human relations, 47 (8) : 911–928.

PASMORE W A, FAGANS M R, 1992. Participation, individual development, and organizational change: a review and synthesis [J]. Journal of management, 18 (2) : 375–397.

PEARSON C A L, 1992. Autonomous workgroups: an evaluation at an industrial site [J]. Human relations, 45 (9) : 905–936.

PENDLETON A, ROBINSON A, 2010. Employee stock ownership, involvement, and productivity: an interaction–based approach [J]. Industrial and labor relations review, 64 (1) : 3–29.

PÉROTIN V, ROBINSON A, 2002. Employee participation in profit and ownership: a review of the issues and evidence [M]. Leeds: Leeds University Business School.

PIL F K, MACDUFFIE J P, 1996. The adoption of high–involvement work practices [J]. Industrial relations, 35 (3) : 423–455.

PORTER M E, 1985. Competitive advantage: creating and sustaining superior performance [M]. New York: FreePress.

ROBINSON A, 2000. Employee participation and equal opportunities practices: productivity effect and potential complementarities[J]. British journal of industrial relations, 38 (4) : 557–583.

ROY S K, 1973. Participative management in public industry: organizational groundwork necessary[M]//THAKUR C P, SETHI K C. Industrial democracy: some issues and experiences. New Delhi: Shri Ram Centre for Human Resources.

RYAN R M, DECI E L, 2000. Self–determination theory and the facilitation of intrinsic motivation, social development, and well–being [J]. American psychologist, 55 (1) : 68–78.

RYAN R M, DECI E L, 2000. Intrinsic and extrinsic motivations: classic definitions and new directions [J]. Contemporary educational psychology，25（1）：54-67.

PIORE M J，SABEL C F，1984. The second industrial divide: possibilities for prosperity [M]. New York: Basic Books.

RIKETTA M，2005. Organizational identification: a meta-analysis [J]. Journal of vocational behavior，66（2）：358-384.

POHLER D M，LUCHAK A A，2014. Balancing efficiency，equity，and voice the impact of unions and high-involvement work practices on work outcomes [J]. Industrial and labor relations review，67（4）：1063-1094.

POOLE M，LANSBURY R，WAILES N，2001. Participation and industrial democracy revisited: a theoretical perspective[M]//CHOURAGUI A，VEERSMA U. Models of employee participation in a changing global environment: diversity and interaction. Aldershot: Ashgate，23-36.

PORTER，M E，1985. Competitive advantage: creating and sustaining superior performance [M]. New York: The Free Press.

RAMAMOORTHY N，FLOOD P C，SLATTERY T，et al，2005. Determinants of innovative work behavior: development and test of an integrated model[J]. Creativity and innovation management，14（2）：142-150.

RANA S，2015. High-involvement work practices and employee engagement [J]. Human resource development international，18（3）：308-316.

RICHARDSON H A，VANDENBERG R J，2005. Integrating managerial perceptions and transformational leadership into a work-unit level model of employee involvement [J]. Journal of organizational behavior，26（5）：561-589.

ROCH S G，SHANOCK L R，2006. Organizational justice in an exchange framework: clarifying organizational justice distinctions [J]. Journal of management，32（2）：299-322.

ROCHE W K，1999. In search of commitment-oriented human resource management practices and the conditions that sustain them [J]. Journal of management studies，36（5）：653-678.

ROSENBERG R D，ROSENSTEIN E，1980. Participation and productivity: an empirical study [J]. Industrial and labor relations review，33（3）：355-367.

ROETHLISBERGER F J, DICKSON W J, 1939. Management and the worker [M]. Cambridge: Harvard University Press.

RYAN R M, DECI E L, 2000. Self-determination theory and the facilitation of intrinsic motivation, social development, and well-being [J]. American psychologist, 55 (1) : 68.

SAGIE A, KOSLOWSKY M, 2000. Participation and empowerment in organizations [M]. Bingley : Emerald Group Publishing Limited.

SANZ-VALLE R, SABATER-SANCHEZ R, ARAGON-SANCHEZ A, 1999. Human resource management and business strategy links: an empirical study [J]. The international journal of human resource management, 10 (4) : 655-671.

SARROS J C, TANEWSKI G A, WINTER R P, et al, 2002. Work Alienation and organizational leadership[J]. British journal of management, 13 (4) : 285-304.

SASHKIN M, 1976. Changing toward participative management approaches: a model and method [J]. Academy of management review, 1 (3) : 75-86.

SCHULER R S, 1980. A role and expectancy perception model of participation in decision making [J]. Academy of management journal, 23 (2) : 331-340.

SEARLE R, DEN HARTOG D N, WEIBEL A, et al, 2011. Trust in the employer: the role of high-involvement work practices and procedural justice in european organizations [J]. The international journal of human resource management, 22 (05) : 1069-1092.

SEIBERT S E, KRAIMER M L, CRANT J M, 2001. What do proactive people do? a longitudinal model linking proactive personality and career success [J]. Personnel psychology, 54 (4) : 845-874.

SCOTT B A, COLQUITT J A, ZAPATA-PHELAN C P, 2007. Justice as a dependent variable: subordinate charisma as a predictor of interpersonal and informational justice perceptions [J]. Journal of applied psychology, 92 (6) : 1597-1609.

SCOTT S G, BRUCE R A, 1994. Determinants of innovative behavior: a path model of individual innovation in the workplace[J]. Academy of Management Journal, 37 (3) : 580-607.

SEEMAN M, 1959. On the meaning of alienation [J]. American Sociological Review, 24 (6) : 783-791.

SEEMAN M, 1975. Alienation studies [J]. Annual review of sociology, 1 (1) : 91-123.

SEWELL G, WILKINSON B, 1992. Someone to watch over me: surveillance, discipline and the just-in-time labor process [J]. Sociology, 26 (2) : 271-289.

SHADUR M A, KIENZLE R, RODWELL J J, 1999. The relationship between organizational climate and employee perceptions of involvement the importance of support [J]. Group & organization management, 24 (4) : 479-503.

SHALLEY C E, 1991. Effects of productivity goals, creativity goals, and personal discretion on individual creativity[J]. Journal of applied psychology, 76 (2) : 179.

SHALLEY C E, GILSON L L, BLUM T C, 2009. Interactive effects of growth need strength, work context, and job complexity on self-reported creative performance [J]. Academy of management journal, 52 (3) : 489-505.

SHAW J C, WILD E, COLQUITT J A, 2003. To justify or excuse: a meta-analytic review of the effects of explanations [J]. Journal of applied psychology, 88 (3) : 444-458.

SHEPPECK M A, MILITELLO J, 2000. Strategic HR configurations and organizational performance [J]. Human resource management, 39 (1) : 5-16.

SHIH H A, CHIANG Y H, HSU C C, 2010. High involvement work system, work-family conflict, and expatriate performance-examining taiwanese expatriates in China [J]. The international journal of human resource management, 21 (11) : 2013-2030.

SMITH C S, BRANNICK M T, 1990. A role and expectancy model of participative decision-making: a replication and theoretical extension [J]. Journal of organizational behavior, 11 (2) : 91-104.

SMIDTS A, PRUYN A T H, VAN RIEL C B M, 2001. The impact of employee communication and perceived external prestige on organizational identification [J]. Academy of management journal, 44 (5) : 1051-1062.

SNAPE E, REDMAN T, 2010. HRM practices, organizational citizenship behavior, and performance: a multi-level analysis [J]. Journal of management studies, 47 (7) : 1219-1247.

SPECTOR P E, 1986. Perceived control by employees: a meta-analysis of studies concerning autonomy and participation at work [J]. Human relations, 39 (11) : 1005-1016.

STAMPER C L, MASTERSON S S, 2002. Insider or outsider? how employee perceptions of insider status affect their work behavior [J]. Journal of organizational behavior, 23 (8) : 875-

894.

STAW B M, BELL N E, CLAUSEN J A, 1986. The dispositional approach to job attitudes: a lifetime longitudinal test [J]. Administrative science quarterly, 31（1）: 56-77.

STEEL R P, MENTO A J, 1987. The participation performance controversy reconsidered subordinate competence as a mitigating factor [J]. Group & organization management, 12（4）: 411-423.

STEIN J C, 1989. Efficient capital markets, inefficient firms: a model of myopic corporate behavior [J]. The quarterly journal of economics, 104（4）: 655-669.

STRAUSS G, 1982. Worker' participation in management: an international perspective [J]. Research in organizational behavior, 5（4）: 173-265.

SUMUKADAS N, 2006. Employee involvement: a hierarchical conceptualisation of its effect on quality[J]. International journal of quality & reliability management, 23（2）: 143-161.

TAJFEL H, TURNER J C, 1979. An integrative theory of intergroup conflict [J]. The social psychology of intergroup relations, 33（47）: 33-47.

TAJFEL H, 1982. Social psychology of intergroup relations [J]. Annual review of psychology, 33（1）: 1-39.

TAJFEL H, TURNER J C, 1986. The social identity theory of intergroup behavior [M]// WORCHEL S, AUSTIN W G. Psychology of intergroup relations. Chicago: Nelson-Hall.

TERPSTRA D E, ROZELL E J, 1993. The relationship of staffing practices to organizational level measures of performance [J]. Personnel psychology, 46（1）: 27-48.

TETT R P, JACKSON D N, 1990. Organization and personality correlates of participative behaviours using an in-basket exercise [J]. Journal of occupational psychology, 63（2）: 175-188.

THOMPSON P, MCHUGH D, 1990. Work organizations: a critical introduction [M]. London: MacMillan.

THIBAUT J W, WALKER L A, 1975. Procedural justice: a psychological analysis [M]. Hillsdale, NJ: Erlbaum.

TOWNSEND K, WILKINSON A, BURGESS J, 2012. Filling the gaps: patterns of formal and informal participation [J]. Economic and industrial democracy, 34（2）: 337-354.

TSUI A S, O'REILLY C A, 1989. Beyond simple demographic effects: the importance of rela-
tional demography in superior–subordinate dyads [J]. Academy of management journal, 32
（2）: 402–423.

TRIST E L, 1963. Organizational choice: capabilities of groups at the coal face under changing
technologies [M]. London: Tavistock.

TURNER A N, LAWRENCE P R, 1965. Industrial jobs and the worker [M]. Cambridge: Har-
vard University Press.

TURNER J C, HOGG M A, OAKES P J, et al, 1987. Rediscovering the social group: a self
categorization theory[M]. Cambridge, MA: Basil Blackwell.

VROOM V H, 1960. The effects of attitudes on perception of organizational goals [J]. Human rela-
tions, 13（3）: 229–240.

WAGNER J A, GOODING R Z, 1987. Shared influence and organizational behavior: a meta-
analysis of situational variables expected to moderate participation–outcome relationships
[J]. Academy of management journal, 30（3）: 524–541.

WALL T D, LISCHERON J A, 1977.Worker participation: a critique of the literature and some
fresh evidence [M]. London: McGraw–Hill.

WALL T D, KEMP N J, JACKSON P R, et al, 1986. Outcomes of autonomous workgroups: a
long–term field experiment [J]. Academy of management journal, 29（2）: 280–304.

WALL T D, WOOD S J, LEACH D J, 2004. Empowerment and performance [J]. International
review of industrial and organizational psychology, 19: 1–46.

WALTON R E, 1985. From control to commitment in the workplace [J]. Harvard business review,
63（2）: 76–84.

WEI L Q, LAU C M, 2010. High performance work systems and performance: the role of adap-
tive capability [J]. Human relations, 63（10）: 1487–1511.

WELSH D H B, LUTHANS F, SOMMER S M, 1993. Managing russian factory workers: the im-
pact of us–based behavioral and participative techniques [J]. Academy of management jour-
nal, 36（1）: 58–79.

WEST M A, FARR J L, 1990. lnnovation and creativity at work: psychological and organization-
al strategjes [J]. NY: John Wiley & Sons, 265–267.

WEST M A, ANDERSON N R, 1996. Innovation in top management teams [J]. Journal of applied psychology, 81 (6) : 680.

WEST M A, 2002. Sparkling fountains or stagnant ponds: an integrative model of creativity and innovation implementation in work groups [J]. Applied psychology, 51 (3) : 355-387.

WITT L A, MYERS J G, 1992. Perceived environmental uncertainty and participation in decision making in the prediction of perceptions of the fairness of personnel decisions [J]. Review of public personnel administration, 12 (3) : 49-56.

WOOD S, DEMENEZES L M, 2011. High involvement management, high performance work systems and well-being [J]. The international journal of human resource management, 22 (7) : 1586-1610.

WOOD S, VAN VELDHOVEN M, CROON M, et al, 2012. Enriched job design, high involvement management and organizational performance: the mediating roles of job satisfaction and well-being [J]. Human relations, 65 (4) : 419-445.

WOODMAN R W, SAWYER J E, GRIFFIN R W, 1993. Toward a theory of organizational creativity[J]. Academy of management review, 18 (2) : 293-321.

WRIGHT P M, MCMAHAN G C, MCCORMICK B, et al, 1998. Strategy, core competence, and hr involvement as determinants of hr effectiveness and refinery performance [J]. Human resource management (1986-1998), 37 (1) : 17.

YOUNDT M A, SNELL S A, DEAN J W, et al, 1996. Human resource management, manufacturing strategy, and firm performance [J]. Academy of management journal, 39 (4) : 836-866.

YUAN F, WOODMAN R W, 2010. Innovative behavior in the workplace: the role of performance and image outcome expectations [J]. Academy of management journal, 53 (2) : 323-342.

ZACHARATOS A, BARLING J, IVERSON R D, 2005. High-performance work systems and occupational safety[J]. Journal of applied psychology, 90 (1) : 77-93.

ZATZICK C D, IVERSON R D, 2006. High involvement management and workforce reduction: competitive advantage or disadvantage? [J]. Academy of management journal, 49 (5) : 999-1015.

ZHANG X，BARTOL K M，2010. Linking empowering leadership and employee creativity: the influence of psychological empowerment，intrinsic motivation，and creative process engagement [J]. Academy of management journal，53（1）: 107-128.

ZHOU J，GEORGE J M，2001. When job dissatisfaction leads to creativity: encouraging the expression of voice [J]. Academy of management journal，44（4）: 682-696.

附录A 预调研问卷

关于企业员工参与感知的调查问卷

尊敬的女士/先生：

您好！非常感谢您在百忙之中接受此次问卷调查。这是一份纯学术研究调查问卷，主题是关于员工参与和创新行为之间关系的研究。本问卷采用匿名方式，不涉及商业机密和个人隐私，答案无对错之分，您所填写的一切将会被严格保密并仅限于学术研究之用，敬请您放心填写。

联系人：赵卫红

第Ⅰ部分 自评问卷

第一部分个人信息。请在符合您的选项上打"√"

1.性别：①男②女

2.年龄：①25岁及以下②26~35岁③36~45岁④46岁及以上

3.学历：①初中及以下②高中/中专③大专/本科④研究生及以上

4.您所在单位所处的行业：①制造业②服务业③其他

5.您所在单位的规模：①50~100人②101~500人③501~2000人④2001人以上

6.您所在单位创立至今有：①10年以下②11~20年③21~30年④31年以上

7.您所在单位的性质：①国企②民营企业③外资/合资企业④事业单位/政府机构

8.您的职位最接近以下哪一种：①生产类/服务类人员 ②技术类人员

③业务类人员④管理类人员

第二部分请您根据自己日常工作时的真实感受，对下列描述进行评价和选择，在符合您的选项上打"√"。数字越大表示对该项越赞同。即：1=非常不符合，2=非常符合，3=一般，4=比较符合，5=非常符合。

	角色内发言权	您的同意程度				
1	我在我的工作任务上有很大的影响力	1	2	3	4	5
2	我在我的工作节奏上有很大的影响力	1	2	3	4	5
3	我在我的工作方法上有很大的影响力	1	2	3	4	5
4	我在我的工作规则上有很大的影响力	1	2	3	4	5
5	我在我的工作时间上有很大的影响力	1	2	3	4	5
	高参与组织方式	您的同意程度				
6	我们公司安排部分员工进行他们工作以外的培训	1	2	3	4	5
7	我们公司有团队/小组形式解决具体工作问题，讨论绩效和质量问题（比如：质量圈、问题解决小组，或者持续改善小组）	1	2	3	4	5
8	我们公司管理部门使用建议计划征求员工的意见	1	2	3	4	5
9	我们公司很大部分员工以正式团队形式开展工作	1	2	3	4	5
10	我们公司有正式的新员工入职计划	1	2	3	4	5
11	在过去的一年，我接受了沟通或团队工作等方面的脱产培训	1	2	3	4	5
12	我们公司有专门的会议，在会议上管理部门与员工一起讨论工作和企业的问题	1	2	3	4	5
13	我们公司管理部门定期披露财务状况、内部投资计划和人员计划等方面的信息	1	2	3	4	5
14	我们公司绝大多数员工有正式的绩效评估	1	2	3	4	5
	角色外发言权	您的同意程度				
15	我们公司管理者主动寻求员工或员工代表的意见	1	2	3	4	5
16	我们公司管理者对员工或员工代表意见进行反馈	1	2	3	4	5
17	我们公司允许员工或员工代表参与最后决定	1	2	3	4	5
18	我们公司管理者与员工分享企业运营方式变革方面的信息	1	2	3	4	5
19	我们公司管理者与员工分享企业人员变动方面的信息	1	2	3	4	5

续表

20	我们公司管理者与员工分享工作方式变革方面的信息	1	2	3	4	5
21	我们公司管理者与员工分享企业财务（预算和利润等）方面的信息	1	2	3	4	5
22	我们公司有工会，且工会代表员工就工资或者工作条件与公司进行谈判	1	2	3	4	5
23	我们公司能够保证员工的雇佣安全（没有强制裁员规定）	1	2	3	4	5
24	我们公司内部员工是唯一或者优先的职位空缺填补的方法	1	2	3	4	5
25	我们公司有基于工作团队或者企业绩效的工资	1	2	3	4	5
26	我们公司有利润分享计划	1	2	3	4	5
27	我们公司有员工持股计划	1	2	3	4	5

第三部分请您根据自己日常工作时的真实感受，对下列描述进行评价和选择，在符合您的选项上打"√"。数字越大表示对该项越赞同。即：1=非常不符合，2=非常符合，3=一般，4=比较符合，5=非常符合。

	工作疏离感	您的同意程度				
36	经营者操控着那些为生计而工作的员工	1	2	3	4	5
37	我都怀疑我为什么要工作	1	2	3	4	5
38	大部分时间进行着没有意义的事情	1	2	3	4	5
39	不管在工作期间付出了多少，依然无法实现自己的期望值	1	2	3	4	5
40	无法将工作与激情放在一起	1	2	3	4	5
41	普通人的努力毫无意义，最终受益者仅仅属于那些高层人士	1	2	3	4	5
42	日常的事务做起来毫无意义	1	2	3	4	5
43	我大可不必努力工作，因为做与不做的结果是一样的	1	2	3	4	5
44	并没有在工作中找到乐趣，只是利用部分时间得到相应的酬劳	1	2	3	4	5
45	并不认为人们的工作可以给社会带来很大的帮助	1	2	3	4	5
	组织认同	您的同意程度				
46	作为公司的一名员工，我感到很自豪	1	2	3	4	5
47	我向朋友赞扬自己所在的公司是值得效力且很卓越的一家公司	1	2	3	4	5

续表

48	我非常在意公司的命运	1	2	3	4	5
49	作为工作的地方，公司给我一种温暖的感觉	1	2	3	4	5
50	我很乐意在公司度过我职业生涯的剩余时间	1	2	3	4	5
51	在公司工作的经历，能够成为一个人有成就的例证	1	2	3	4	5
52	我把公司形容为一个"大家庭"，大部分成员都有一种归属感	1	2	3	4	5
53	我很高兴自己选择了为本公司而不是其他公司工作	1	2	3	4	5
54	我觉得公司很关心我	1	2	3	4	5
55	公司在社会上的形象能够很好地代表我	1	2	3	4	5
56	我发现自己很认同这家公司	1	2	3	4	5
57	我发现自己的价值观和公司的价值观很相似	1	2	3	4	5
互动公平		**您的同意程度**				
123	当在做与我们工作相关的决策时，上级会善意地对待我们	1	2	3	4	5
124	当在做与我们工作相关的决策时，上级会尊重我们考虑到我们的尊严	1	2	3	4	5
125	当在做与我们工作相关的决策时，上级会考虑我们的个人需求	1	2	3	4	5
126	当在做与我们工作相关的决策时，上级会以符合实际的方式来展开	1	2	3	4	5
127	当在做与我们工作相关的决策时，上级会与我们商谈其内涵	1	2	3	4	5
128	上级会公正地评价我们的工作	1	2	3	4	5

第Ⅱ部分　他评问卷

请您根据您的下属/同事日常工作中的表现，对下列描述进行评价和选择，在符合您的下属/同事情况的选项上打"√"。数字越大表示对该项越赞同。即：1=非常不符合，2=非常符合，3=一般，4=比较符合，5=非常符合。

	创新行为	**您的同意程度**				
69	总是寻求应用新的流程、技术与方法	1	2	3	4	5
70	经常提出有创意的点子和想法	1	2	3	4	5

71	经常和别人沟通并推销自己的新想法	1	2	3	4	5
72	为了实现新想法，想办法争取所需资源	1	2	3	4	5
73	为了实现新想法，制定合适的计划和规划	1	2	3	4	5
74	总体而言，他/她是一个具有创新精神的人	1	2	3	4	5

附录B 正式调研问卷

关于企业员工参与感知的调查问卷

尊敬的女士/先生：

您好！非常感谢您在百忙之中接受此次问卷调查。这是一份纯学术研究调查问卷，主题是关于员工参与和创新行为之间关系的研究。本问卷采用匿名方式，不涉及商业机密和个人隐私，答案无对错之分，您所填写的一切将会被严格保密并仅限于学术研究之用，敬请您放心填写。

联系人：赵卫红

第Ⅰ部分 自评问卷

第一部分个人信息。请在符合您的选项上打"√"

1.性别：①男②女

2.年龄：①25岁及以下②26~35岁③36~45岁④46岁及以上

3.学历：①初中及以下②高中/中专③大专/本科④研究生及以上

4.您所在单位所处的行业：①制造业②服务业③其他

5.您所在单位的规模：①50~100人②101~500人③501~2000人④2001人以上

6.您所在单位创立至今有：①10年以下②11~20年③21~30年④31年以上

7.您所在单位的性质：①国企②民营企业③外资/合资企业④事业单位/政府机构

8.您的职位最接近以下哪一种：①生产类/服务类人员 ②技术类人员

③业务类人员 ④管理类人员

第二部分请您根据自己日常工作时的真实感受，对下列描述进行评价和选择，在符合您的选项上打"√"。数字越大表示对该项越赞同。即：1=非常不符合，2=非常符合，3=一般，4=比较符合，5=非常符合。

	角色内发言权	您的同意程度				
1	我在我的工作任务上有很大的影响力	1	2	3	4	5
2	我在我的工作节奏上有很大的影响力	1	2	3	4	5
3	我在我的工作方法上有很大的影响力	1	2	3	4	5
4	我在我的工作规则上有很大的影响力	1	2	3	4	5
5	我在我的工作时间上有很大的影响力	1	2	3	4	5
	高参与组织方式	您的同意程度				
6	我们公司有团队/小组形式解决具体工作问题，讨论绩效和质量问题（比如：质量圈、问题解决小组、或者持续改善小组）	1	2	3	4	5
7	我们公司管理部门使用建议计划征求员工的意见（员工建议制度）	1	2	3	4	5
8	我们公司有较大一部分员工以正式团队的形式进行工作	1	2	3	4	5
9	我们公司有正式的新员工入职计划（帮助新员工尽快融入团队或组织）	1	2	3	4	5
10	在过去的一年，我接受了关于沟通或者如何进行团队工作等方面的培训	1	2	3	4	5
11	我们公司有专门的会议，在会议上管理部门与员工一起讨论工作和企业的问题	1	2	3	4	5
12	我们公司管理部门定期披露财务状况、内部投资计划和人员计划等方面的信息	1	2	3	4	5
13	我们公司绝大多数员工有正式的绩效评估	1	2	3	4	5
	角色外发言权	您的同意程度				
14	我们公司管理者主动征求员工或员工代表的意见	1	2	3	4	5
15	我们公司管理者对员工或员工代表意见进行反馈	1	2	3	4	5
16	我们公司允许员工或者员工代表参与最后决策	1	2	3	4	5
17	我们公司管理者与员工分享企业运营方式变革方面的信息	1	2	3	4	5

续表

18	我们公司管理者与员工分享企业人事变动方面的信息	1	2	3	4	5
19	我们公司管理者与员工分享工作方式变革方面的信息	1	2	3	4	5
20	我们公司管理者与员工分享组织财务（预算和利润等）方面的信息	1	2	3	4	5
21	我们公司有工会，且工会代表员工就工资或者工作条件与公司进行谈判	1	2	3	4	5
22	我们公司内部员工是唯一或者优先的职位空缺填补方法	1	2	3	4	5
23	我们公司有基于工作团队或者企业绩效的工资	1	2	3	4	5
24	我们公司有利润分享计划或者相关制度	1	2	3	4	5
25	我们公司有员工持股计划或者相关制度	1	2	3	4	5

第三部分请您根据自己日常工作时的真实感受，对下列描述进行评价和选择，在符合您的选项上打"√"。数字越大表示对该项越赞同。即：1=非常不符合，2=非常符合，3=一般，4=比较符合，5=非常符合。

	工作疏离感	您的同意程度				
36	经营者操控着那些为生计而工作的员工	1	2	3	4	5
37	我都怀疑我为什么要工作	1	2	3	4	5
38	大部分时间进行着没有意义的事情	1	2	3	4	5
39	不管在工作期间付出了多少，依然无法实现自己的期望值	1	2	3	4	5
40	无法将工作与激情放在一起	1	2	3	4	5
41	普通人的努力毫无意义，最终受益者仅仅属于那些高层人士	1	2	3	4	5
42	日常的工作事务做起来毫无意义	1	2	3	4	5
43	我大可不必努力工作，因为做与不做的结果是一样的	1	2	3	4	5
44	并没有在工作中找到乐趣，只是利用工作得到酬劳	1	2	3	4	5
45	并不认为人们的工作可以给社会带来很大的帮助	1	2	3	4	5
	组织认同	您的同意程度				
46	作为公司的一名员工，我感到很自豪	1	2	3	4	5

续表

47	我向朋友赞扬自己所在的公司是值得效力且很卓越的一家公司	1	2	3	4	5
48	我非常在意公司的命运	1	2	3	4	5
49	作为工作的地方，公司给我一种温暖的感觉	1	2	3	4	5
50	我很乐意在公司度过我职业生涯的剩余时间	1	2	3	4	5
51	在公司工作的经历，能够成为一个人有成就的例证	1	2	3	4	5
52	我把公司形容为一个"大家庭"，大部分成员都有一种归属感	1	2	3	4	5
53	我很高兴自己选择了为本公司而不是其他公司工作	1	2	3	4	5
54	我觉得公司很关心我	1	2	3	4	5
55	公司在社会上的形象能够很好地代表我	1	2	3	4	5
56	我发现自己很认同这家公司	1	2	3	4	5
57	我发现自己的价值观和公司的价值观很相似	1	2	3	4	5
互动公平		您的同意程度				
123	当在做与我们工作相关的决策时，上级会善意地对待我们	1	2	3	4	5
124	当在做与我们工作相关的决策时，上级会尊重我们考虑到我们的尊严	1	2	3	4	5
125	当在做与我们工作相关的决策时，上级会考虑我们的个人需求	1	2	3	4	5
126	当在做与我们工作相关的决策时，上级会以符合实际的方式展开	1	2	3	4	5
127	当在做与我们工作相关的决策时，上级会与我们商谈其内涵	1	2	3	4	5
128	上级会公正地评价我们的工作	1	2	3	4	5

第Ⅱ部分　他评问卷

请您根据您的下属/同事日常工作中的表现，对下列描述进行评价和选择，在符合您的下属/同事情况的选项上打"√"。数字越大表示对该项越赞同。即：1=非常不符合，2=非常符合，3=一般，4=比较符合，5=非常符合。

	创新行为	您的同意程度				
69	总是寻求应用新的流程、技术与方法	1	2	3	4	5
70	经常提出有创意的点子和想法	1	2	3	4	5
71	经常和别人沟通并推销自己的新想法	1	2	3	4	5
72	为了实现新想法，想办法争取所需资源	1	2	3	4	5
73	为了实现新想法，制定合适的计划和规划	1	2	3	4	5
74	总体而言，他/她是一个具有创新精神的人	1	2	3	4	5